D1783668

In your own words

CLIVE CARTHEW
Senior Lecturer in Business Languages,
East Warwickshire College of Further Education
Chief Examiner in Spanish at Ordinary Level
for the Associated Examining Board

DAVID WEBB
Lecturer in Education at the University of Leeds
Chairman of the Associated Examining Board's
Spanish Committee

LONGMAN

Preface

The main aim of this book is to provide practice in manipulating linguistic structures in Spanish. The exercises have been written in a form that will make them particularly helpful to students preparing for the Associated Examining Board's G.C.E. Ordinary Level examination, but others working at a similar level should also find them a useful aid.

For those not familiar with the Board's examination, it should be said that the aim is to test the students' ability to *use* Spanish: these are not comprehension exercises. The level of language in the passages is such that basic comprehension is taken for granted and the marks are awarded for linguistic accuracy.

So that the book can be used profitably over a period of time, the passages are roughly graded according to difficulty: those at the beginning are well below Ordinary Level standard whilst the last four are taken from past examination papers.

The authors wish to thank the Associated Examining Board for permission to reproduce part of the Board's Ordinary Level papers for June 1980 and 1981 (passages 97–100). The authors have shortened passage 97 slightly to fit. They also wish to make it clear that the views expressed in this book are their own and do not necessarily represent official AEB policy. They would also like to express their gratitude to Conchita Spencer and to Trinidad Martínez de Ventura for all their invaluable help in the preparation of the material.

CLIVE CARTHEW
DAVID WEBB

How to tackle the exercises

GENERAL CONSIDERATIONS

Much of what we say and write in English is made up of reports and comments about what has happened to us and to other people. We hear a story or read about an accident and then want to tell someone else about it: what happened, when and how it happened, what was said, and so on. Each time we do this we automatically make changes, sometimes small, sometimes considerable to what we originally heard or read. Otherwise, our accounts would sound very odd.

The 100 exercises in this book are concerned with precisely this task, although they will of course require the manipulation of Spanish, not English, vocabulary and grammar. When attempting these exercises you must remember that the answers will require some degree of change to the original wording. It may be small or it may be considerable; it may be one change or a series of changes: under no circumstances, however, will it be sufficient to copy an answer from the text without adaptation.

PROCEDURE

You will find it helpful to follow the procedure set out below:

1. Read the passage carefully, at least twice. Give the title more than a cursory glance as it may well provide useful information about the subject matter.

2. Read the questions carefully, noting particularly the tense of the main verb and any instructions that may be given as to how you should answer.

3. Remember that the questions follow a chronological order, so question one is likely to be concerned with the very early lines of the passage. Similarly, the answer to question three will be found somewhere between those parts of the text which provide answers to questions two and four, and so on.

4. Re-read question one, then find the relevant information in the passage for your answer. Very often the question itself will have pointers to where you should look in the passage and also to what you should change.

5. The number and extent of the changes required will vary for each question. Make absolutely sure that you really have included all the relevant material before moving on to the next question.

TYPES OF QUESTION

Although it may appear that there are many different sorts of questions, most of them will fit broadly into one of the following six categories:

1. Questions involving the manipulation of the tense or person of the verb

Such questions are often based on the idea of what happened or was happening, or of what someone did, was doing or had done.

Look at the following examples:

a. *A las nueve de la tarde salí de la casa y fui en seguida al bar.*

In answer to the question *¿Qué hizo el autor a las nueve?* the simple answer would be *Salió de la casa y fue en seguida al bar*, the manipulations being from the 1st to the 3rd person of the Preterite.

b. *Por lo general los sábados vamos al cine o damos un paseo en el parque.*

A question such as *¿Qué hacían los sábados?* demands a change of both person (1st to 3rd plural) and tense (Present to Imperfect) leading to the answer *Iban al cine o daban un paseo en el parque*. To have changed the person and not the tense or vice-versa would have been insufficient. Nor would it have been enough to have given only one of the two pieces of information. Remember, answer the question fully.

c. *—¡Encienda la luz y cierre la ventana!—dijo el jefe al empleado.*

If the question were *Según el jefe ¿qué tenía que hacer el empleado?* you would have to provide the infinitive of the verb. Remember, too, that the form of the verb used for commands is not necessarily derived from the infinitive. The correct answer would be: *Tenía que encender la luz y cerrar la ventana.*

N.B. When dealing with verb changes you must be especially careful to remember written accentuation, radical changes and any irregular forms.

2. Questions involving the manipulation of pronouns and possessive adjectives

Where reflexive and object pronouns are concerned the question will also involve a verb. Questions involving possessive adjectives will not necessarily do this, but all three will most certainly be concerned with changes of person.

Look at the following examples:

a. *Ayer me levanté rápidamente y me dirigí al cuarto de baño.*

The question *¿Qué hizo el autor ayer?* requires a change in the pronoun and the verb from the 1st to the 3rd person giving:
Se levantó rápidamente y se dirigió al cuarto de baño.

b. *Cuando llegamos a Madrid nuestros amigos nos llevaron al Retiro.*

A question such as *¿Qué pasó cuando llegaron a Madrid?* needs no manipulation of the verb but both the pronoun and the adjective will now require 3rd person forms. To change only one form would give an answer that was nonsense so the final answer should read: *Sus amigos les llevaron al Retiro.*

c. *—¡Dámelo!—grita el muchacho a su hermana.*

If the question were *¿Qué quiere el muchacho que haga su hermana?* then the command form must be changed to the subjunctive and both pronouns must now precede the verb. In addition *me* must be put into the third singular form which, as there are two third person pronouns preceding the verb, has to be *se*. The answer will thus be: *Quiere que su hermana se lo dé.*

3. Questions involving the conversion of Direct to Indirect speech

This type of question often involves a series of changes and great care should be taken with all parts of the sentence. In most cases the question will be followed by an instruction such as: *Su contestación debe empezar con las palabras "Dijo que . . .".*

Look at these examples:

a. *—Soy inglés y quiero saber dónde está mi hotel—dije al guardia civil.*

A standard question involving the change from direct to indirect speech would be: *¿Qué dijo el autor al guardia civil? (Su contestación debe empezar con las palabras "Dijo que . . .").* Having noticed that the question is in the Past tense and that you are required to report what the author said, the answer becomes reasonably straightforward. One small but important change involves the possessive adjective which must be put into the third person to fit in with the verbs. So, the final answer would be: *Dijo que era inglés y que quería saber dónde estaba su hotel.*

b. *—¿Por qué tenemos que levantarnos a las ocho—preguntó la Señora de Martín—. ¿No le han dicho que mi marido es médico y que vamos a quedar aquí tres días?*

To answer the question *¿Qué preguntó la señora de Martín? (Su contestación debe empezar con las palabras "Preguntó por qué . . .")* you should first note that there are two parts to the answer and that each part contains more than one manipulation. Also, throughout the answer the verbs have to be put into the past, the pronouns (except *le* which remains unaltered as it can mean both "you" and "him") must be changed from 1st to 3rd person, and the word *aquí* must be changed to *allí*. Thus a complete answer would read: *Preguntó por qué tenían que levantarse a las ocho y si no le habían dicho que su marido era médico y que iban a quedar allí tres días.*

c. *—¡Ve a la taquilla y saca dos entradas para el domingo!—me dijo la madre.*

A slightly more complicated version of the Direct to Indirect speech question is based upon the use of commands, as in the above sentence. The question *¿Qué quiere la madre que haga el autor? (Su contestación debe empezar con las palabras "Quiere que . . .")* clearly calls for the use of the present subjunctive as indicated by the question itself. The sentence contains speech in the second singular form and the question asks what the mother wants her companion, the author, to do and consequently the answer must be changed into the third singular, thus:

Quiere que vaya a la taquilla y que saque dos entradas para el domingo.

4. Questions involving the conversion of Indirect to Direct speech

Such questions are followed by the instruction: *Escriba las palabras exactas.* and you are expected to write down the words as they were originally said, not as they have been reported in the passage. Your answers will therefore involve a reversal of the procedures outlined in 3 above. Past tenses reverting to Present, third persons going back to first and so on.

Look at these examples:

a. *El marido dijo a su esposa que se sentía enfermo.*

The question *¿Qué dijo el marido a su esposa? (Escriba las palabras exactas.)* means that you must imagine that you are hearing the husband speak to his wife. Obviously he would not have used the Past tense and he would not have used the third person. His words would be:

Me siento enfermo.

b. *Le explicamos al chófer que habíamos perdido el tren y que queríamos que él nos llevara al aeropuerto en su coche.*

Although this looks more complicated, the same rules apply. You must imagine the words as they were really spoken and maintain the required changes throughout the sentence. Thus, if the question was *¿Qué explicaron al chófer? (Escriba las palabras exactas.)* the first change to make would be to put the verbs into the Present tense. In the case of *habíamos perdido* this means changing from Pluperfect to Perfect which in fact is achieved by converting the Imperfect of the auxiliary verb to the Present. *El* would have to change to *Vd.* to fit in with the idea of exact words and the answer would then read:

Hemos perdido el tren y queremos que Vd. nos lleve al aeropuerto en su coche.

c. *El aduanero les mandó dejar el equipaje y seguirle.*

The same sort of question *¿Qué les mandó hacer el aduanero? (Escriba las palabras exactas.)* will in this case demand the formation of the plural command forms of the verbs *dejar* and *seguir*. The first is reasonably simple. The second is complicated by the attached pronoun which will have to change from *le* to *me* and the written accent which will have to go on the stem vowel of the verb. The final answer – the exact words of the customs officer – will be:

¡Dejen el equipaje y síganme!

5. Questions involving time, weather and place

These are straightforward questions and are mainly concerned with the use of simple idiomatic expressions and with some manipulation of basic vocabulary.

Look at these examples:

a. *A las diez y media entraron en Correos.*

¿Qué hora era cuando entraron en Correos?

If you are tempted to write *era* in place of *eran* remember that the singular form can only be applied to time involving one o'clock. Your answer should read: *Eran las diez y media.*

b. *Llegó a la plaza de toros a las cinco menos cuarto. Salió dos horas más tarde.*

¿Qué hora era cuando salió de la plaza de toros?

The only difference between this question and example a. is that here you are expected to supply the time. The answer would be: *Eran las siete menos cuarto.*

c. *Era un día lluvioso y Juan, teniendo frío, se puso el abrigo y los guantes antes de salir de casa.*

¿Qué tiempo hacía?

To answer this question you must be able to use idiomatic expressions concerning the weather. In this example the complete answer would be:

Llovía y hacía frío.

d. *Al inglés le gustó la paella valenciana pero le gustó más el gazpacho andaluz que tomó en Sevilla.*

Two questions involving "place" could be asked about this statement:

¿De dónde era el extranjero?

¿En qué región está Sevilla?

Both questions demand the use of simple geographical vocabulary and can be answered:

De Inglaterra.

Andalucía.

6. Questions involving a person's age or profession

These questions are usually phrased in such a way as to demand the production or manipulation of a verb.

Look at this example:

Juanita Gómez, señorita de veintidós años, secretaria bilingüe e hija de la señora Carmen de la Puente . . .

Two questions which could be asked about such a statement are:

¿Qué sabemos de la edad de Juanita?

¿Qué sabemos de la profesión de Juanita?

Both questions demand more than information. You must provide a new verb to introduce the information, thus:

Tiene veintidós años.

Es secretaria bilingüe.

EXAMPLES

Finally, here are two sample exercises with suggested answers and explanatory notes.

Example 1

A NEWSPAPER REPORT OF AN UNPLEASANT INCIDENT

Barcelona, 13 de abril

A las dos de la tarde Francisco Sánchez, de dieciocho años, se acercó a Ana Muñoz, de seis años, niña a la que no conocía. Le preguntó qué estaba haciendo sola en la calle y ella contestó que estaba buscando a sus hermanos pero que no sabía dónde estaban. Entonces Sánchez la cogió de la mano, diciéndole:

—Yo te ayudaré a buscarles.

Durante casi una hora la llevó por varias calles sin encontrar a sus hermanos. Al cabo de ese tiempo la niña empezó a perder la esperanza, y se echó a llorar. Sánchez la amenazó diciendo que la mataría si no le daba dinero. Ana empezó a gritar y Sánchez le tapó la boca para hacerla callar. Afortunadamente, dos policías que en aquel momento se encontraban cerca, al oír los gritos de la niña, llegaron inmediatamente y detuvieron a Sánchez.

Parece ser que Sánchez no tiene trabajo y se pasa el día con sus amigos bebiendo, fumando, divirtiéndose e intentando hacerse de algún dinero.

1. ¿Qué hora era cuando Sánchez encontró a Ana?
2. Al encontrar a Ana ¿qué le preguntó Sánchez? (Escriba las palabras exactas.)
3. ¿Qué contestó Ana cuando Sánchez le preguntó qué hacía? (Escriba las palabras exactas.)
4. Después de cogerla de la mano ¿qué dijo Sánchez a Ana? (Su contestación debe empezar con las palabras "Dijo que . . .")

5. ¿Por qué llegaron inmediatamente los dos policías que se encontraban cerca?

6. Como no tienen trabajo Sánchez y sus amigos, ¿qué hacen durante el día?

ANSWERS AND NOTES

1. This is a straightforward question. All you have to remember is that when saying what time it was, you will need to put *eran* and not *era* (unless *la una*, one o'clock, is involved). So your answer should be: *Eran las dos.*

2. This is a question which involves a change from Indirect speech to Direct speech and you will need to decide the exact wording of Sánchez's question to Ana. Firstly, however, you should ask yourself whether he would be likely to call her *tú* or *Vd.* as this will determine which person of the verb you use. In fact, this question is answered for you a little later in the passage when he says *Yo te ayudaré a buscarles.* As far as tense is concerned, the Imperfect continuous will now become a Present continuous or a simple Present. So your answer should be: *¿Qué estás haciendo?* or *¿Qué haces?*

3. Here again you are asked to give someone's exact words, but this time there are two statements and both must be included. As Ana herself is speaking, the verb will need to be in the first person, not the third, and the tense will change from the Imperfect continuous to the Present continuous or a simple Present. As they are Ana's own words, *sus* will now become *mis.* A change of tense (Imperfect to Present) will also be needed in the second part of the answer, and as it is the irregular verb *saber*, special care will be needed to get the correct form. The Imperfect *estaban* changes to the Present *están.* So, the answer is: *Estoy buscando a mis hermanos pero no sé dónde están.* or *Busco a mis hermanos pero no sé dónde están.*

4. This time the process is reversed and you are asked to convert from Direct speech to Indirect speech. Instead of *yo*, the subject will now be *él* and *te* will become *le*. In this kind of sentence the Future tense will become a Conditional. So the answer is: *Dijo que él le ayudaría a buscarles.*

5. It is often possible to begin the answer to a question starting *¿Por qué?* (why?) with *Porque* (because). The policemen obviously arrived immediately because they heard the girl's shouts, so your answer should be: *Porque oyeron los gritos de la niña.*

6. You must always look carefully at the tense of the verb in the

question. Here, *hacen* is in the Present and so your answer must also be in the Present. It is also important to include all relevant information: four items in this case. Special care will be needed with the reflexive *divirtiéndose*. Firstly, although in Spanish pronouns are added to the end of present participles, they go in front when the verb is in the present. Secondly, the stress mark needed because the extra syllable of the pronoun was joined to the present participle will disappear in the Present. Finally, *divertir* changes its stem in two distinct ways. Although the present participle is *divirtiendo*, the Present will be *divierten*. Your answer should therefore be:

Beben, fuman, se divierten e intentan hacerse de algún dinero.

Example 2

AN OLD MAN'S FIRST FLIGHT

Hacía dos horas esperábamos mi tío Enrique y yo en el aeropuerto de Londres cuando anunció el altavoz que los que viajaban a Sevilla tenían que pasar por la aduana.

—Vamos tío, a la aduana— le dije al viejo a quien yo acompañaba en su primer viaje en avión.

Era evidente que estaba nervioso y ¿por qué no? Era mi tío un anciano de setenta y dos años. Viudo desde hacía siete años, había salido de la región de Andalucía solamente tres veces.

— A mí no me gusta esta idea— me dijo—. No me fío de ese aparato. Francamente me siento malo.

Mientras que hacíamos cola en la aduana le explicaba a mi tío otra vez que el método más rápido de regresar de Londres a España sería en avión; no habría más remedio si él quería llegar lo antes posible al hospital donde estaba su hermano menor.

— De acuerdo — me contestó en voz baja —, pero debo decirte que tengo mucho miedo. Dame un cigarrillo y no me dejes solo.

1. ¿Qué hacían el autor y su tío en el aeropuerto de Londres?
2. ¿Qué quiere el autor que haga su tío? (Su contestación debe empezar con las palabras "Quiere que . . .")
3. ¿Para qué estaba .el autor en el aeropuerto con su tío? (Su contestación debe empezar con la palabra "Para . . .")
4. ¿Qué pasó cuando el tío tenía sesenta y cinco años?
5. ¿Qué le dijo el tío al autor con respecto a viajar en avión?
6. Después de explicar a su tío que el método más rápido de regresar a España sería en avión ¿qué le dijo el autor a su tío? (Escriba las palabras exactas.)
7. ¿Qué quería el tío que hiciera el autor? (Su contestación debe empezar con las palabras "Quería que él . . .")

1. A straightforward question so you need only to note the tense (Imperfect) and person (3rd plural). In the passage the verb *esperábamos* expresses what we were doing. By keeping to the same tense and changing only the person of the verb, a correct answer would be *esperaban*. It would also be correct to form a continuous tense by using *estar* and the present participle, remembering the correct tense and person of the verb. Thus the 2 possible correct answers are:
Esperaban. or *Estaban esperando.*

2. In the passage the author speaks directly to his uncle, telling him to do something. This question requires you to report what he said and to do so by starting your sentence with a form which will demand the use of the subjunctive, i.e. *Quiere que. . . .* As the answer starts in the third person you must maintain this form throughout. *Vamos* obviously has to change to the third singular of the Present subjunctive. Remembering that *Vamos* is part of the verb *ir* and that the Present subjunctive is needed because the main verb *Quiere* is in the Present, the answer now becomes:
Quiere que su tío vaya a la aduana.

3. If you notice that this question begins in a slightly different way to many others — *¿Para qué . . .?* rather than *¿Por qué . . .?* — you are already well prepared to answer. You are directed to start the answer with *Para* which must be followed by the infinitive of a verb in this context. The infinitive needed is *acompañar* which you should be able to form by recognising the type of Imperfect ending that the verb has in the passage, i.e. the kind used for *-ar* verbs. However, *Para acompañar* is not sufficient. The author is accompanying someone and to give a complete answer you need to state in one of two ways who this person is. You could use a pronoun, remembering to put it in the right position or you could state that it was his uncle, remembering in this case to use the personal *a*. The two possible answers are:
Para acompañarle. or *Para acompañar a su tío.*

4. The question is in the Preterite and requires an answer in the same tense. You could express what happened either in terms of the uncle becoming a widower or in terms of the uncle's wife dying. In both cases you must produce a new verb: in the first, the reflexive verb *quedarse* would be appropriate and in the second, the radical changing verb *morir*. The third singular of the Preterite is needed (take extra care with *morir*!) and you would be correct to write as a final answer:
Se quedó viudo. or *Murió su mujer.*

5. In this question you are required to change Direct speech into Indirect. This is indicated by the instruction to begin your answer with *Dijo que . . .* (He/she said that). As in question 2 above you must remember to alter the various parts of the sentence to agree consistently with the third person of the verb and not the first. This will mean changes to the prepositional pronoun *mí* and to the reflexive pronoun *me*. In addition, in reported speech you should change *esta* to the more appropriate *esa*. Although the original speech is in the Present you should note that having begun with *Dijo que . . .* in the answer, the remainder of the sentence should be in the appropriate Past tenses.

A very important general point is shown by this question: always be careful to answer the question fully. In this case it would be insufficient to report only the first part of what the uncle said. There are three short sentences to be put into Indirect speech and all are essential. A complete answer would therefore read:

Dijo que a él no le gustaba esa idea. No se fiaba de ese aparato y francamente se sentía malo.

6. Here you are required to change Indirect or Reported speech into Direct speech. In other words, you should imagine you are really talking to the uncle. The verbs, then, must be altered to the 2nd singular as the author is addressing a member of his family. You will have to be careful, however, when you come to *estaba* as this refers not to the uncle but to his brother and so must remain in the 3rd singular. The impersonal verb *habría* will have to go back to its irregular Present tense *hay*. *El* could change to *tú* or it could just be omitted as the new verb ending *quieres* makes it clear that it is 2nd singular. Finally *su* must be altered to *tu* (remember the difference between *tu* and *tú*), and the complete answer will then read:

No hay mas remedio si tú quieres llegar lo antes posible al hospital donde está tu hermano menor.

7. The changes required in this answer are very similar to those in question 2 above. However, in this case the verbs must be in the Past tense as the main verb is *Quería que . . .* and not *Quiere que. . . .* In addition, a change is needed to both the form and the position of the first pronoun *me*. The positional change is needed because, in the answer, the pronoun will no longer be controlled by a positive command. A finite verb will control the pronoun and consequently the pronoun must come before the verb. The second *me* will not have to alter its position but will have to change to a third person *le*. Thus the required answer will be:

Quería que le diera un cigarrillo y que no le dejara solo.

1 The 'Playa Dorada' campsite

A 90 kms al sur de Barcelona y a sólo 15 kms de la hermosa e histórica ciudad de Tarragona.

A 100 metros de la playa con un clima seco y caluroso: ¡los paraguas no son de frecuente necesidad en esta región!

Amplios modernos servicios sanitarios. Duchas con agua caliente. Sala de ping-pong, piscina.

Supermercado con carnicería. Servicio médico diario. Peluquería de señoras y caballeros.

Dos restaurantes con capacidad para doscientas cincuenta plazas cada uno.

Oficina de cambio de moneda.

En posesión desde 1979 de la Placa de Plata al Mérito Turístico.

Se permiten perros solamente atados. No se admiten hippis.

Abierto desde el 1 de abril hasta el 31 de octubre. Se admiten reservas desde el 1 de junio hasta el 15 de agosto.

1. ¿En qué dirección del camping se halla Barcelona?
2. ¿Qué sabemos de la distancia entre la playa y el camping?
3. ¿Qué tiempo hace en esa región?
4. ¿Qué puede hacer uno para divertirse?
5. ¿Cuándo viene un médico al camping ?
6. ¿Cuántas plazas hay en total en los dos restaurantes?
7. ¿Qué pasó en 1979?
8. ¿Qué hay que hacer con los perros?
9. ¿En qué meses no está abierto el camping?

2 A blind alley

Jaime, un muchacho de 16 años que ha ido a visitar Andalucía
con un grupo de compañeros de colegio, escribe a un amigo,
contándole sus impresiones.

—Hasta ahora lo hemos pasado muy bien. A mí me gusta el
sol, y hace buen tiempo casi todos los días: el martes fue el único
día que no pudimos salir a causa de la lluvia.

Ayer, al pasar por una callejuela, vimos a un hombre de
aspecto bastante extraño. A su alrededor, sobre la acera, había
una colección de paraguas, sillas rotas y hasta una bicicleta, y los
estaba reparando en plena calle.

Al vernos pasar, levantó la cabeza diciendo: "Hasta luego,
muchachos".

Nos extrañó el saludo pero seguimos adelante. Luego, al
doblar una esquina, nos dimos cuenta de que la callejuela no
tenía salida y tuvimos que regresar.

1. ¿Por qué escribe Jaime a su amigo?
2. ¿Qué dice Jaime acerca del sol?
3. ¿Qué tiempo hacía el martes?
4. ¿Qué pasó a causa de la lluvia?
5. El día anterior, al pasar por una callejuela, ¿qué sucedió?
6. ¿Cuándo levantó el hombre la cabeza?
7. Después de levantar la cabeza, ¿qué hizo el hombre?
8. ¿Qué efecto tuvo el saludo del hombre en el grupo?
9. ¿Qué pasó cuando doblaron una esquina?

3 How to be a successful saleswoman

El director de unos grandes almacenes dio a una joven empleada el premio a la mejor vendedora del año. La joven, después de recibir el premio y las felicitaciones de sus compañeros, explicó a un grupo de éstos el secreto de su éxito como vendedora.

—Este año he estado en la sección de ropa de señoras vendiendo guantes. Yo tengo dos cajas; en una pongo los guantes a quinientas pesetas y en otra a doscientas pesetas, pero en realidad todos son del mismo precio. Cuando una cliente se acerca, yo me hago la distraída y me vuelvo de espaldas, momento que aprovecha la cliente para poner unos cuantos guantes de quinientas pesetas en la caja de los de doscientas. Luego coge otros más para confundirme; los paga rápidamente y se va contenta creyendo haber hecho un gran negocio.

1. ¿Qué hizo la joven antes de explicar el secreto de su éxito?
2. ¿Cuándo había estado en la sección de ropa de señoras?
3. ¿Qué hacía la joven en la sección de ropa de señoras?
4. ¿En realidad, qué diferencia había en los precios de los guantes?
5. ¿Qué solía hacer la joven cuando una cliente se acercaba?
6. Después de pagar los guantes rápidamente, ¿qué hacía la cliente?

4 A former Real Madrid footballer talks

—Estuve muy contento con el Real Madrid, donde jugué cinco años. Luego, tuve que sufrir tres operaciones en la pierna. Durante algún tiempo me encontré sin equipo, entonces pasé al Cádiz.

—Si eres futbolista, lo que es fundamental por encima de todo es llevar una vida ordenada y dedicarte por completo al fútbol. Aquí, en España, no se hace así. Como es natural, el futbolista es una persona joven, y a mí me gusta salir, divertirme y hacer una vida normal como cualquier otra persona, aunque muchas veces no puedes hacerlo.

—Estoy en una edad crítica: tengo veintinueve años y me he de cuidar al máximo, porque pienso jugar tres o cuatro años más.

1. ¿Qué hizo durante sus cinco años con el Real Madrid?
2. Después de cinco años, ¿qué sucedió?
3. Antes de pasar al Cádiz, ¿qué le ocurrió?
4. Según él, lo fundamental para el futbolista es llevar una vida ordenada ¿y qué más?
5. Según él ¿qué hacen las personas jóvenes que pueden hacer una vida normal?
6. ¿Qué dos cosas dice acerca de su edad?
7. ¿Por qué se ha de cuidar al máximo?

5   A circus performer stays in bed

A las siete de la mañana todos los artistas del circo se pusieron a desayunar sentados en el suelo.

—¿Quién falta?—preguntó el domador de los leones, que era también el dueño del circo.

Se miraron unos a otros: al poco rato dijo uno:

—¿Quién iba a ser? El mismo de siempre. Falta Paquito.

—Ese niño—continuó el dueño—, ¿cuándo aprenderá a levantarse temprano?

Panocha, el viejo payaso, intervino en la conversación:

—El no tiene la culpa . . . necesita dormir más que nosotros.

—Claro que él no tiene la culpa—le dijo el dueño a Panocha—. La culpa la tienes tú.

—¿Por qué?

—Porque le das todos esos libros que tienes y Paquito pasa la noche leyendo.

1. ¿Qué hora era cuando los artistas se sentaron en el suelo?
2. ¿Qué les preguntó el dueño del circo? (Su contestación debe empezar con las palabras "Preguntó quién . . .")
3. ¿Qué quería saber el dueño de "ese niño"?
4. Según Panocha ¿qué necesitaba hacer Paquito?
5. Según el dueño ¿por qué tenía Panocha la culpa?
6. ¿Qué hacía Paquito de noche?

6 A small girl breaks a bone in her arm

A mi hija menor, de seis años de edad, le gusta jugar con las chicas mayores.

Hace unos días volví a casa después de un viaje largo en tren y me informó mi hija que se había caído durante un juego algo violento y que ahora le dolía la mano derecha.

Yo, bastante cansado, no le hice caso, pero durante la noche tuve que levantarme tres veces al oír que la niña lloraba.

Al día siguiente, a las nueve menos cuarto de la mañana, entramos mi hija y yo en el hospital.

¿Qué te pasó, niña?—preguntó el médico, examinando la mano de mi hija.

—Me caí y al levantarme me di cuenta de que me había hecho daño a esta mano—contestó mi hija.

El médico nos explicó que probablemente se había fracturado un hueso pequeño. Fuimos al departamento de rayos X y una hora más tarde salimos del hospital, el brazo derecho de mi hija completamente envuelto en vendas.

¡Qué suerte!— gritó la niña —. ¡No podré hacer los ejercicios en la escuela!

1. ¿Qué sabemos de la edad de la hija del autor?
2. ¿Qué hizo el autor hace unos días?
3. ¿Qué le informó a su padre la niña? (Escriba las palabras exactas.)
4. Al oír que la niña estaba llorando ¿qué tenía que hacer el autor?
5. Al preguntar a la hija qué le había pasado ¿qué hacía el médico?
6. ¿Qué contestó la hija al médico? (Su contestación debe empezar con las palabras "Contestó que . . .")
7. ¿Por qué pensaba la niña que tenía suerte?

7 An account of a visit to a newspaper

El 22 de febrero 34 niñas del colegio fuimos a visitar el periódico "La Voz del Norte".

Nos recibió una señorita muy simpática que nos condujo a una habitación donde había una fotografía de los fundadores. Después de escuchar un breve resumen de la historia del periódico, pasamos a otra habitación donde estaba el "telex". La señorita nos dijo que el "telex" es una máquina en la que se reciben las noticias nacionales e internacionales. Luego subimos donde estaba la linotipia que es parecida a una máquina de escribir. Después de esto vimos a unas señoras que se llaman "correctores" las cuales corrigen las faltas de ortografía que hay en el texto. Finalmente conocimos a las personas que montan en la página las fotografías con el texto que les corresponde.

Fue una visita muy interesante y nos gustó mucho a todas.

1. ¿Qué hicieron las niñas del colegio el 22 de febrero?
2. ¿Qué hizo la simpática señorita?
3. Después de escuchar un breve resumen de la historia del periódico, ¿qué hicieron las niñas?
4. Después de ver el "telex", ¿qué hicieron las niñas?
5. ¿Qué hacían las señoras que se llaman "correctores"?
6. ¿Qué hicieron las niñas finalmente?

8 A man misses his train to Barcelona

Al oír estas noticias decidí ir cuanto antes a Barcelona.

Cuarenta minutos más tarde, a las tres y veinte, subí en un taxi y me puse en camino hacia la estación de ferrocarriles.

Desgraciadamente había mucho tráfico en el centro y tardé un cuarto de hora en llegar a la calle en la cual estaba situada la estación. Comencé a inquietarme y después de mirar el reloj – marcaba las cuatro menos veinticinco – pregunté al chófer:

—¿Cree que vamos a llegar a tiempo?

Contestó que no estaba seguro porque le parecía que había un número extraordinario de vehículos en la calle a esas horas.

Sin embargo, a las cuatro menos diez llegué y, pagado el taxi, entré en la estación. En la taquilla donde vendían billetes para Barcelona había una cola muy larga, al menos quince personas, delante de mí. Vi a un mozo y le pregunté a qué hora saldría el expreso para Barcelona.

Sonriendo, me dijo:

—Lo siento, pero está saliendo el expreso en estos momentos.

1. Después de oír las noticias ¿qué hizo el autor?
2. ¿Qué hora era cuando oyó las noticias?
3. ¿Qué hizo el autor a las tres y veinte?
4. Antes de mirar su reloj ¿qué hizo el autor?
5. ¿Qué preguntó el autor al chófer? (Su contestación debe empezar con las palabras "Preguntó si . . .")
6. ¿Cómo le contestó el chófer? (Escriba las palabras exactas.)
7. ¿Qué tenía que hacer el autor antes de entrar en la estación?
8. ¿Qué preguntó el autor a un mozo? (Escriba las palabras exactas.)
9. ¿Qué hacía el mozo cuando contestó al autor?
10. ¿Qué dijo el mozo al autor? (Su contestación debe empezar con las palabras "Dijo que . . .")

9 The young men run the bulls in Pamplona

Aparte de las celebraciones religiosas dedicadas al Santo Patrón San Fermín, que se celebran el día 7 de julio, el acontecimiento más importante del programa festivo son los famosos "encierros".

En la mayoría de las ciudades y pueblos, normalmente, los toros son llevados a la plaza dentro de unos cajones que con toda precaución se abren en los toriles, dejando salir a los animales. Pero en los "Sanfermines" no se hace así; los toros corren sueltos por unas cuantas calles de la ciudad y son los valientes mozos los que corriendo ante ellos, los meten dentro de la plaza. En esta carrera hacia la plaza hay con frecuencia muchas caídas y el peligro es muy grande.

El espectáculo es único en el mundo y Pamplona, durante esta famosa semana, se llena de turistas que acuden a ver este espectáculo que los mozos pamplonicas realizan divirtiéndose y mostrando su valor y su fortaleza física.

1. ¿En qué estación del año tienen lugar estas fiestas?
2. ¿Qué hacen en la mayoría de las ciudades y pueblos para llevar los toros a la plaza?
3. Cuando se abren los cajones en los toriles ¿qué hacen los animales?
4. ¿Por qué corren los valientes mozos ante los toros?
5. ¿Qué les pasa con frecuencia a los mozos durante la carrera hacia la plaza?
6. Según el autor ¿qué dos cosas hacen los mozos pamplonicas durante este espectáculo?

10 Revenge for not offering a tip

Una vez mi hermano Juanito y yo fuimos a ver una película de misterio a un cine que estaba cerca de nuestra casa. Esta clase de película les gusta mucho a ciertas personas y pasan un buen rato durante la hora y media que dura la película tratando de descubrir quién es el asesino.

Compré nuestras entradas del precio más barato que había y entramos en el cine a las dos y media.

Un acomodador nos acompañó hasta el asiento y estuvo esperando unos momentos para que le diéramos una propina. Como no hicimos ningún gesto de darle dinero, el acomodador, para vengarse, nos dijo:

—Quiero que se diviertan Vds. viendo la película . . . el asesino es el novio de la chica.

1. ¿Qué hicieron una vez el autor y su hermano?
2. ¿Dónde se hallaba el cine?
3. ¿Qué pasó a las dos y media?
4. ¿Qué hora era cuando terminó la película?
5. ¿Por qué esperaba el acomodador una propina?
6. ¿Por qué decidió vengarse el acomodador?
7. ¿Qué les dijo a ellos el acomodador? (Su contestación debe comenzar con las palabras "Dijo que el asesino . . .")

11 Police foil hijack attempt

Ayer, un joven intentó secuestrar un avión que volaba desde Roma a París. Había tomado el avión en Roma con billete de primera clase. El incidente tuvo lugar poco antes del aterrizaje previsto en París.

Después de amenazar a los pasajeros con una pistola, el joven trató de abrirse camino hacia la cabina del piloto. Pero la puerta estaba cerrada con llave desde el interior y no consiguió entrar.

Afortunadamente, había dos policías a bordo, y es uno de ellos quien nos dice:

—Cogí una botella de champán por el cuello y golpeé al joven en la cabeza. Este cayó al suelo sin sentido. Entonces examiné la pistola y vi que no era más que un juguete de plástico. Al llegar a París, entregué al joven a la policía francesa.

Hasta el momento sólo sabemos que el joven tiene diecinueve años y nació en Irlanda.

1. ¿Desde qué país volaba el avión?
2. ¿A qué país volaba el avión?
3. Antes de tratar de abrirse camino hacia la cabina del piloto, ¿qué hizo el joven?
4. ¿Qué hizo el policía con la botella de champán?
5. Cuando el joven cayó al suelo, ¿qué hizo el policía?
6. Al llegar a París, ¿qué hizo el policía?
7. ¿De qué nacionalidad era el joven?

12 Awoken by the telephone

A la una de la madrugada me tumbé en la cama. Tres horas más tarde sonó el teléfono insistentemente en nuestra casa. Yo me desperté y aun medio dormido, encendí la luz, me levanté de la cama, y fui a coger el teléfono.

—¿Diga?—pregunté, cogiendo el teléfono.

—¿Es la comisaría?—preguntó una voz desconocida.

—No señor, no es la comisaría. Soy Ramiro Sánchez—respondí—,se ha equivocado de número.

—Ah, perdone. ¡No sabe cuánto siento haberle obligado a levantarse a estas horas! —dijo la voz, disculpándose.

—No importa—dije con cortesía—, de todas maneras tenía que levantarme a coger el teléfono, porque con el ruido no podía dormir.

1. ¿Qué hizo el autor a la una de la noche?
2. ¿Qué hora era cuando sonó el teléfono?
3. ¿Dónde sonó insistentemente el teléfono?
4. ¿Qué hizo el autor después de despertarse?
5. ¿Qué dijo el autor cuando una voz le preguntó acerca de la comisaría? (Su contestación debe empezar con las palabras "Dijo que . . .")
6. Para disculparse, ¿qué dijo la voz? (Su contestación debe empezar con las palabras "Dijo que no . . .")
7. Según el autor ¿qué tenía que hacer de todas maneras?

13 Newspaper report: a strange taxi ride

Santander, domingo

El gitano Miguel Iglesias Urbano, de 27 años de edad, ha sido detenido por la policía, por obligar a un taxista, a punta de pistola, a que le llevara a la estación de autobuses.

Ayer el conductor del taxi, Pedro Ramírez Martínez, iba conduciendo su vehículo por la calle San Fernando cuando al parar un momento, se le acercó el citado individuo que le apuntaba con una pistola, exigiéndole que le llevara a la estación de autobuses.

El taxi en ese momento iba ocupado por un cliente que, casi dormido, no se dio cuenta de lo que había pasado hasta que Iglesias Urbano bajó en la mencionada estación.

—Al saber lo que había sucedido — dijo el cliente —, me quedé tan asustado que permanecí en el taxi, sin moverme, sin decir palabra alguna.

1. ¿Qué sabemos de Miguel Iglesias Urbano?
2. ¿Qué hizo?
3. ¿En qué día de la semana ocurrió este incidente?
4. ¿En qué momento se acercó Iglesias Urbano al taxista?
5. ¿Qué dijo Iglesias Urbano al taxista? (Escriba las palabras exactas.)
6. Cuando Iglesias Urbano subió al taxi, ¿por qué el cliente no se dio cuenta de lo que había pasado?
7. ¿Cómo reaccionó el cliente al saber lo que había sucedido?

14 A borrowed motorcycle

José y Martín, amigos desde hace muchos años, se encontraron la semana pasada en el centro de la ciudad. Montaba Martín una motocicleta muy moderna.

JOSÉ: ¿La motocicleta es tuya?

MARTÍN: No, pertenece a un amigo mío. Me la ha prestado para el fin de semana. Con la mía tuve un accidente. He tenido que llevarla al taller.

JOSÉ: ¿Fue grave?

MARTÍN: Nos llevamos un susto mi pasajero y yo, pero en realidad fue poca cosa. Si hubiera sido grave nos habrían llevado al hospital y probablemente estaríamos allí todavía.

1. ¿De quién es la moto?
2. ¿Cómo es que Martín tiene la moto?
3. ¿Por qué no tiene Martín su propia moto?
4. Aunque fue el accidente poca cosa ¿qué efecto tuvo en Martín y en su pasajero?
5. Si hubiera sido grave el accidente ¿qué les habría pasado a Martín y a su pasajero?

15 An interview with a very old lady

Hoy, al cumplir los cien años, Doña Antonia Jiménez Muñoz fue felicitada por las autoridades y por los vecinos de su pueblo.

Se le hicieron muchas fotografías y después de dar las gracias a todos los asistentes, Doña Antonia contestó a nuestras preguntas:

—¿Cuál ha sido la mayor alegría de su vida?

—Mi niñez. No hay mejor alegría que la de los niños. Después vienen los trabajos y los sufrimientos.

—¿Cuál ha sido su mayor tristeza?

—La muerte de mi hijo en la guerra. Nosotras las madres, no queremos guerras.

—¿Qué piensa de la política?

—No me interesa de ninguna manera.

—¿Ha tenido muchas enfermedades?

—La mayor de todas fue el cólera, que estuve a punto de morir.

—¿Se ha bañado alguna vez?

—Nunca, me da miedo el agua.

—Díganos, Doña Antonia, un deseo a los cien años.

—Paz.

Así contestó Doña Antonia con gran claridad y lucidez, y nosotros nos despedimos de ella cantándole "Y que cumplas muchos más".

1. ¿Qué pasó hace cien años?
2. ¿Qué hizo Doña Antonia antes de contestar a las preguntas de los periodistas?
3. Según Doña Antonia ¿cuál ha sido la mayor alegría de su vida?
4. ¿Qué sucedió al hijo de Doña Antonia durante la guerra?
5. Según Doña Antonia ¿qué piensan las madres de las guerras?
6. ¿Qué piensa Doña Antonia de la política?
7. ¿Qué pasó a causa del cólera?
8. ¿Por qué no se ha bañado nunca?
9. Antes de irse ¿qué hicieron los periodistas?

16 No heating in a train compartment

Un señor que va en tren en un departamento de segunda clase, en· el que hace un frío horroroso, llama al revisor y se queja:

—Me he dado cuenta de que en todo el tren el único sitio donde no funciona la calefacción es éste; por eso ruego que Vd. haga algo en seguida para solucionarlo.

El revisor simpático tranquiliza al viajero:

—No se preocupe; tenga un poco de paciencia que en unos segundos quedará todo resuelto.

Unos momentos más tarde llega un empleado con una caja. La abre y saca de ella un aviso que cuelga sobre la puerta del departamento, en el que se puede leer: "No funciona la calefacción".

1. ¿Por qué le llamó el viajero al revisor?
2. Según el viajero ¿dónde estaba el único sitio en el cual no funcionaba la calefacción?
3. ¿Qué le dijo el revisor al viajero? (Su contestación debe empezar con las palabras "Dijo que . . .")
4. ¿Qué pasó después de unos momentos?
5. ¿Qué hizo el empleado?
6. ¿Qué hizo el empleado con el aviso?

17 Drama of an attempted kidnap

Córdoba, 7 de julio

A las once de la mañana, cuando los padres de María del Carmen estaban trabajando en el campo, entró un individuo en la casa donde vive la familia. El hombre tenía la cara cubierta con un pañuelo.

En aquel momento se encontraban en el interior de la casa la pequeña María del Carmen, de once años, y su hermano Angel, de seis meses. El hombre era joven y alto y llevaba una pistola. Amenazó a la niña, diciéndole que se iba a llevar a su hermano.

Es María del Carmen quien nos cuenta:

—Cogí un cuchillo, pero pensé que lo mejor era huir y llamar a los vecinos.

Cosa que pudo realizar, saliendo rápidamente de la casa, sin que el hombre pudiera cogerla.

La niña comenzó a gritar y el individuo se fue corriendo al salir varios vecinos de las casas inmediatas.

1. ¿Dónde ocurrió este incidente?
2. ¿En qué estación del año?
3. ¿Qué hora era cuando el individuo entró en la casa?
4. ¿Qué hizo el hombre al mismo tiempo que amenazaba a la niña?
5. Antes de huir, ¿qué hizo María del Carmen?
6. ¿Por qué decidió huir?
7. ¿Por qué no podía huir Angel?
8. ¿Por qué no pudo cogerla el hombre?
9. Al oír los gritos de la niña, ¿qué hicieron los vecinos?

18 Write soon!

Santander, 16 de julio

Querido Manuel:

¿Por qué no me has escrito? ¡Qué perezoso eres!

El mes pasado, terminé con mis exámenes el día 5 y ahora estoy de vacaciones con mi hermana Isabel. Estamos viajando por el norte: León, Oviedo, toda la costa hasta Santander, y dentro de dos días regresaremos a Burgos. Ayer me levanté muy temprano y fui a la playa. Pero el tiempo no era muy bueno y, como sabes, ¡a mí me gusta el sol!

Bueno, tengo que terminar ahora. A las ocho bajaré a la calle y echaré esta carta.

¿Qué proyectos tienes para este verano? Nos alegraría verte de nuevo en Burgos.

Con cariño,
Lydia

1. ¿Qué quiere saber Lydia al principio de la carta?
2. ¿Cómo explica Lydia el silencio de Manuel?
3. ¿Qué pasó el 5 de junio?
4. ¿Qué harán Lydia e Isabel dentro de dos días?
5. ¿Qué hizo Lydia el día anterior?
6. ¿Qué dice Lydia acerca del sol?
7. ¿Qué hará Lydia a las ocho?
8. ¿Qué quiere saber Lydia al final de la carta?

19 How to cure worms

En el instituto decidió el profesor explicar a los estudiantes lo malo que era para la salud beber alcohol.

Para demostrárselo de una manera práctica llenó dos vasos, uno con agua y otro con whisky.

—Prestad mucha atención—les dijo el profesor a los estudiantes—a lo que voy a hacer—,y echó un gusano en cada uno de los vasos—. Fijaos que en el vaso con whisky el gusano muere. ¿Qué consecuencias debemos sacar de este hecho? —añadió dirigiéndose a uno de los estudiantes más inteligentes de la clase.

—Esto nos enseña—contestó el estudiante muy satisfecho de sí mismo—, que, si no queremos tener gusanos en el estómago, tenemos que beber whisky en vez de agua.

1. Al llenar dos vasos ¿qué hacía de una manera práctica el profesor?
2. ¿Qué quiere el profesor que hagan los estudiantes?
3. ¿Qué diferencia había entre los gusanos en los dos vasos?
4. Para preguntar las consecuencias del experimento ¿qué hizo el profesor?
5. ¿Qué le contestó el estudiante al profesor? (Su contestación debe comenzar con las palabras "Contestó que . . .")

20 Girl rescued after climbing accident

La señorita Antonia Fernández, de diecinueve años de edad, estudiante en la universidad de Salamanca, fue hallada a las cuatro de la tarde del lunes por una patrulla de salvamento de montaña. Aficionada al alpinismo, había ido a escalar en la sierra de Guadarrama.

El padre de la muchacha nos cuenta:

—A las nueve y media de la noche me llamaron para decirme que Antonia regresaría algo tarde. No le di importancia. Pero, ¡qué sorpresa cuando a las tres de la mañana recibí una llamada desde el hospital informándome que Antonia estaba allí!

Más tarde, hemos podido ver a la muchacha y hablar con ella. Nos explicó lo que pasó:

—No podía ver mucho a causa de la lluvia. Además, estaba la nieve helada y por eso me caí. Me encontré con que tenía un brazo roto. Grité y, afortunadamente, pronto llegaron unos jóvenes. Claro, ellos no tardaron en buscar socorro. Tuve suerte ¿verdad?

1. ¿Qué sabemos de la edad de la señorita Fernández?
2. ¿Qué sabemos de sus pasatiempos?
3. ¿Qué pasó a las nueve y media de la noche?
4. ¿Qué sucedió a las tres de la mañana?
5. Según la muchacha, ¿qué tiempo hacía?
6. ¿Qué ocurrió a causa de la nieve helada?
7. ¿Por qué llegaron los jóvenes?
8. ¿Qué dice la muchacha al fin? (Su contestación debe empezar con las palabras "Dice que . . .")

21 The boy who liked snakes

Los habitantes del pueblo de Comares han quedado sorprendidos al ver en la fuente ornamental de la plaza unos extraños peces. Pero, después de mirarlos con más atención, se han dado cuenta de que estos peces son en realidad doce enormes serpientes, capturadas en el campo y puestas en la fuente por Rafael Gómez, un niño de nueve años.

Sus padres dicen de él:

—Rafael es muy simpático, muy amante de la naturaleza. Es un niño que prefiere pasar su tiempo libre en el campo, buscando ejemplares zoológicos. Uno de sus animales preferidos es la serpiente . . .

Parece que durante los días de Navidad, cuando los niños suelen llevar regalos a sus profesores, Rafael se presentó en casa de su maestra para ofrecerle un regalo dentro de una caja de cartón. La maestra, al abrir la caja, se asombró al descubrir que el regalo era una serpiente de enormes dimensiones.

1. ¿Por qué se han quedado sorprendidos los habitantes de Comares? (Su contestación debe empezar con la palabra "Porque . . .")
2. Antes de darse cuenta de que los peces eran serpientes, ¿qué hicieron los habitantes?
3. Después de capturar las serpientes ¿qué hizo Rafael?
4. Según sus padres, ¿qué hace Rafael durante su tiempo libre en el campo?
5. ¿Qué hizo Rafael cuando se presentó en casa de su maestra?
6. Antes de asombrarse ¿qué hizo la maestra?
7. ¿Por qué se asombró la maestra? (Su contestación debe empezar con la palabra "Porque . . .")

22   Nearly run over

La policía de Burgos está investigando una denuncia presentada por don Santiago Morales Martínez el cual dice que estuvo a punto de ser atropellado por un automóvil que, al parecer, iba conducido por un niño de seis años. He aquí lo que nos dice don Santiago:

—Mi esposa, mis dos hijos y yo íbamos de paseo por la calle de San Juan. Mi esposa y los chicos estaban al otro lado de la calle y entonces ella me llamó. Quería que yo viese algo interesante que había en el escaparate de una tienda. Al atravesar la calle, se me echó encima un automóvil, al volante del cual iba un niño de unos seis años. Afortunadamente, pude evadir el coche y conseguí alcanzar la acera. Mientras mi hijo menor gritaba asustado, salí corriendo tras el automóvil que pronto dobló una esquina y lo perdí de vista. Entonces me di cuenta de lo inútil de lo que estaba haciendo. Regresé al lado de mi esposa. Ella trató de tranquilizarme y decidimos contar lo ocurrido a la Policía.

1. ¿Qué sabemos de la edad del niño que iba al volante del automóvil?
2. ¿Qué hacía el niño?
3. ¿Quiénes iban de paseo por la calle de San Juan?
4. ¿Qué hizo la esposa de don Santiago desde el otro lado de la calle?
5. Después de poder evadir el coche, ¿qué hizo don Santiago?
6. Mientras su hijo menor gritaba, ¿qué hizo don Santiago?
7. Antes de regresar al lado de su esposa, ¿qué le sucedió a don Santiago?
8. ¿Qué hizo la esposa de don Santiago cuando él regresó a su lado?

23 A first visit to a bullfight

Cuando mis amigos españoles me dijeron que habían sacado entradas para la corrida de toros del domingo no estaba seguro qué hacer. Me preocupaban dos cosas. Primero no quería insultar a mis amigos diciéndoles que no me gustaba la idea de asistir a una corrida. Segundo, pensaba que, al estar en España valía la pena ver este espectáculo al menos una vez.

Al fin, después de la cena, les dije a mis amigos que me gustaría acompañarles a la corrida.

Tres días más tarde, a las cinco menos cuarto me hallaba sentado en la plaza con casi cinco mil aficionados españoles. Nuestras entradas eran para la sombra y así no tenía yo demasiado calor. A las cinco menos cinco uno de mis amigos, Alejandro, me preguntó si quería un café helado o una naranjada. Le di las gracias pero contesté que no tenía sed. Esperaba yo, algo ansioso, el comienzo en cinco minutos de la corrida.

1. ¿Qué le dijeron sus amigos españoles al autor? (Escriba las palabras exactas.)
2. ¿Qué les dijo a sus amigos el autor? (Escriba las palabras exactas.)
3. ¿En qué día de la semana le dijeron sus amigos al autor que habían sacado entradas?
4. ¿Por qué no tenía el autor demasiado calor?
5. Cuando Alejandro le preguntó al autor si quería algo de beber ¿cómo le contestó el autor? (Escriba las palabras exactas.)
6. ¿Qué iba a pasar a las cinco?

24 Chance meeting at the airport

Lena Marcos esperaba en el aeropuerto de Barajas. Era su primera visita al extranjero y estaba un poco ansiosa. La idea de ir en avión le preocupaba algo y además no hablaba muy bien el inglés. Miró el reloj; marcaba las dos y veinte. Dentro de cuatro horas estaría en Londres.

—¡Hola Lena!¿Cómo estás?¿Cuánto tiempo hace que no nos vemos? —dijo una voz conocida.

Lena se volvió y vio a su amiga de escuela, Conchita Hernández. Se levantó y se abrazaron. Cinco minutos más tarde se hallaban en el bar tomando café y charlando por los codos.

—Soy azafata desde hace tres años—explicó Conchita—.Me gusta ir a otros países, tratar con la gente, y claro, volar. Pero ¿adónde vas Lena?

Esta le dijo a su amiga que viajaba a Londres para quedarse un mes con unos amigos ingleses.

1. ¿Qué hora sería más o menos, al llegar Lena a Londres?
2. ¿Qué le preguntó a Lena la voz conocida? (Su contestación debe empezar con las palabras "Preguntó cuánto . . .")
3. ¿Qué tenía que hacer Lena para ver a su amiga de escuela?
4. ¿Qué hacían las dos en el bar?
5. Como azafata ¿qué hace Conchita?
6. ¿Qué le dijo Lena a su amiga? (Escriba las palabras exactas.)

25   A first flight in a sea-plane

Yo soy piloto y hace unas semanas realicé por primera vez un vuelo en un hidroavión. Al principio no controlaba bien el hidroavión pero pronto logré controlarlo perfectamente y, después de quince minutos, comencé a hacer maniobras peligrosas. Cuando me decidí a aterrizar me fui directamente al aeropuerto. Mi pasajero, que se dio cuenta de mi intención, se apresuró a decir:

—Cuidado capitán, que esto no es un avión.

Yo entonces dirigí el aparato hacia el mar y me posé sin problemas sobre el agua.

—¡Qué estúpido soy!—le dije a mi pasajero—, si no llega a ser por Vd. probablemente hubiera ocurrido un accidente.

Luego, abriendo la puerta de la cabina, bajé del avión y me caí en el agua.

1. ¿Qué profesión tiene el autor?
2. Al principio el autor no controlaba bien el hidroavión, pero ¿qué hizo pronto?
3. Quince minutos más tarde ¿qué hizo el autor?
4. ¿Por qué se fue el autor al aeropuerto?
5. Al darse cuenta de su error ¿qué hizo el autor?
6. ¿Qué le dijo el autor a su pasajero? (Su contestación debe comenzar con las palabras "Dijo que si . . .")
7. ¿Qué pasó cuando el autor abrió la puerta de la cabina?

26 Grandfather's problems in buying a suit

El calor llegó inesperadamente y el abuelo no tenía un traje ligero, de modo que le convencimos para que fuese a una buena tienda de ropa de caballero.

Después de tomarle las medidas, el vendedor le dio a elegir entre tres modelos de distintos colores. El abuelo escogió uno azul marino. El vendedor le preguntó si quería probárselo.

El abuelo lo intentó pero le fue imposible. El pantalón no le cerraba y a la chaqueta le faltaban cinco centímetros para poder abrocharse el botón del centro. El abuelo dijo al vendedor que aunque le gustaba el color no podría llevar ese traje.

—Pues es su medida, tantos centímetros de pecho, tantos de hombro, tantos de pierna: su talla exacta,—exclamó el vendedor.

—Y mi estómago ¿dónde lo voy a meter? — le preguntó el abuelo con impaciencia.

—Lo siento señor,—contestó el vendedor—pero no es culpa de la confección; el traje está bien hecho.

1. ¿Qué hicieron cuando el calor llegó inesperadamente?
2. Antes de darle a elegir entre tres modelos, ¿qué hizo el vendedor?
3. ¿Qué le preguntó el vendedor al abuelo? (Escriba las palabras exactas.)
4. ¿Qué dijo el abuelo al vendedor? (Escriba las palabras exactas.)
5. Luego ¿qué preguntó el abuelo al vendedor con impaciencia? (Su contestación debe empezar con las palabras "Le preguntó dónde . . .")
6. ¿Qué contestó el vendedor? (Su contestación debe empezar con las palabras "Dijo que . . .")

27   One ticket for a tennis match

Un domingo en que se jugaba un partido de tenis entre dos jugadores muy célebres, el portero, al recoger las entradas a la puerta del estadio, vio llegar a un niño de menos de doce años.

—¿Vienes solo?—le preguntó el portero.

—Sí señor—respondió el niño—,pero tengo mi entrada.

El portero le dejó pasar, pero lleno de curiosidad, le preguntó:

—¿Cómo vienes solo siendo tan joven?¿Es que no les gusta el tenis a tus padres?

—¡Claro que sí, les gusta muchísimo!

—Entonces, ¿dónde están?¿Por qué no han venido contigo?

—Pues porque se han quedado en casa—le contestó el niño—,buscando como locos la entrada para el partido.

1. ¿Qué hacía el portero a la puerta del estadio?
2. Aunque venía solo ¿qué tenía el niño?
3. ¿Qué le preguntó al niño el portero? (Su contestación debe empezar con las palabras "Preguntó cómo . . .")
4. Según el niño ¿por qué no habían venido con él sus padres?
5. ¿Qué hacían los padres en casa?

28 Un almuerzo de pan y queso

A las dos y cinco de la tarde Carlos bajó del autobús en la esquina de la calle de Goya y se sorprendió al ver que estaba cerrada la ventana del comedor de su apartamento.

Después de subir corriendo las escaleras, llegó casi sin aliento y trató de entrar en su apartamento, pero la puerta no se abrió. Carlos abrió con su llave, se encontró en una nube de humo y se precipitó hacia la cocina para cerrar el gas. Había algo negro en una cacerola.

Abrió todas las ventanas, y cuando llegó Pilar media hora más tarde, Carlos estaba comiendo pan y queso. Pilar miró a su marido sin decir nada.

—¿Qué pasa? ¿Dónde estabas?—preguntó Carlos.

Ninguna respuesta.

—¿Estás enferma?

—Perdóname.

Y después de sentarse en una silla, Pilar se echó a llorar.

1. ¿Cómo había regresado Carlos a su apartamento?
2. ¿Por qué llegó Carlos "casi sin aliento"?
3. ¿Qué hizo Carlos después de precipitarse hacia la cocina?
4. ¿Por qué abrió todas las ventanas?
5. ¿Qué hora era cuando llegó Pilar?
6. ¿Quién era Pilar?
7. ¿Qué contestó Pilar cuando Carlos quería saber dónde había estado?
8. Antes de sentarse Pilar en una silla ¿qué quiere ella que haga Carlos?
9. ¿Qué hizo Pilar antes de echarse a llorar?

29 A lottery winner in Mallorca

Trabajo en una librería en el centro de Palma de Mallorca. Hace siete años que estoy allá y me gusta muchísimo. También les gusta la vida mallorquina a mis dos niñas Sara, de seis años y Josefina, de cuatro años, y a mi mujer María.

El fin de semana pasado, el viernes, a las ocho de la tarde decidimos dar un paseo en la esplanada. Fuimos en coche, trayecto de quince minutos, hasta la catedral y luego aparcamos en una calle que daba a la esplanada.

Comenzamos a andar hacia el puerto donde se encontraban lanchas y yates lujosos.

De pronto me agarró el brazo mi mujer.

—Mira, Paco, ¿quién es ese hombre que está de pie en aquella lancha tan enorme?

Eché una mirada al hombre pero no le reconocí.

Continuó mi mujer que estaba segura que era Juanito Casals, el que ganó el premio gordo en la lotería nacional hace siete u ocho meses.

1. ¿Qué sabemos de la profesión de Paco?
2. ¿Qué sabemos de la edad de Josefina?
3. ¿Qué hora era cuando llegó la familia a la catedral?
4. ¿Cómo fueron al puerto?
5. ¿Qué hizo la mujer de pronto?
6. ¿Qué le preguntó a Paco su mujer? (Su contestación debe empezar con las palabras "Preguntó quién . . .")
7. ¿Qué hizo Paco?
8. ¿Qué le dijo la mujer de Paco al fin? (Escriba las palabras exactas.)

30 The hijack that was a hoax

Una barba falsa y unas gafas oscuras son las dos únicas pistas
que existen para la identificación del misterioso pasajero que
durante cuatro horas mantuvo secuestrado un avión en el
aeropuerto de Madrid.

Parece que mientras el avión volaba desde Nueva York hacia
Roma, un pasajero vestido así se acercó a la azafata y hablándole
en voz baja le entregó una carta que debería llevar al capitán, lo
cual hizo.

En la carta se le ordenaba seguir vuelo hacia Madrid: según el
secuestrador, había una bomba en el departamento de
equipajes. El capitán del avión dijo más tarde:

—Al llegar al aeropuerto, dejé los motores en marcha para
quemar el combustible. Pensé "en el caso de que se produzca
una explosión, será menos fuerte". Por fin, como el secuestrador
no se daba a conocer, decidí evacuar el avión, lo cual se realizó
sin incidentes y, naturalmente, sin bomba. La azafata nos dijo
que desgraciadamente no podía reconocer entre los pasajeros al
misterioso hombre de la barba y las gafas oscuras.

El director del aeropuerto de Madrid expresó lo que estaba en
la mente de todos:

—Esto es una broma de mal gusto.

1. ¿Entre qué países volaba el avión?
2. Al entregar una carta a la azafata ¿qué hizo el pasajero?
3. ¿Qué hizo la azafata?
4. Al llegar al aeropuerto, ¿qué hizo el capitán del avión?
5. ¿Qué pensó el capitán? (Su contestación debe empezar con las
   palabras "Pensó que si . . .")
6. Como el secuestrador no se daba a conocer, ¿qué hizo el
   capitán?
7. ¿Qué les dijo la azafata? (Escriba las palabras exactas.)
8. ¿Qué dijo el director del aeropuerto? (Su contestación debe
   empezar con las palabras "Dijo que . . .")

31 Asking for directions in the country

Un alemán iba de excursión en coche por Andalucía y, desgraciadamente, se halló sin gasolina en pleno campo. Después de bajar del coche llamó a la puerta de una casita.

—¿Sabe dónde está la gasolinera más cercana?—preguntó al campesino que le abrió la puerta.

—Sí señor, en Ronda—contestó éste.

—¿Cuánto se tarda en ir y volver andando?—preguntó el viajero.

El campesino no dijo más que:—¡Camine!

—¡No tiene educación!—se dijo el alemán y se puso a andar por la carretera.

—¡Espere!—gritó el campesino—.Llegará Vd. dentro de tres cuartos de hora.

—Gracias—respondió el viajero—, pero ¿por qué no me lo dijo antes?

—Porque ignoraba si iba Vd. a caminar hacia la gasolinera o en dirección contraria.

1. ¿De dónde era el viajero?
2. ¿Qué hizo antes de llamar a la puerta de una casita?
3. ¿Qué le preguntó al campesino? (Su contestación debe comenzar con las palabras "Preguntó si . . .")
4. Según el campesino ¿qué tenía que hacer el viajero?
5. ¿Qué pensó el viajero del campesino?
6. Al darle las gracias al campesino ¿qué le preguntó el viajero? (Su contestación debe comenzar con las palabras "Preguntó por qué . . .")

32 "La mujer, el hogar y el trabajo"

Ayer por la tarde mi superiora, doña Antonia, me mandó ir a entrevistar al célebre Dr. Mendoza. Cuando estaba al punto de irme doña Antonia volvió a hablarme:

—Y mañana entréganos tu artículo sobre "La mujer, el hogar y el trabajo", por favor. Lo necesitamos a las nueve.

—Ya lo sé, no tienes que preocuparte—le dije—,y sin tardar más salí de la oficina y cogí un taxi.

Durante el trayecto pensaba en mi artículo y quizás por eso noté cuántas mujeres había en la Calle de Montoya. Esta es la calle principal de la ciudad donde hay muchos teatros, cines y almacenes, en los cuales entraban estas señoras, elegantísimas todas y vestidas muy de moda. Me pregunté, ¿Cómo pueden permitirse tanto lujo, tanto tiempo libre?'

La verdad es que sus maridos trabajan todas las horas que Dios les da. Y francamente no comprendo cómo las mujeres de la clase media no se dan cuenta de lo que significa el pluriempleo de sus esposos. Y no comprendo tampoco cómo esas mujeres no necesitan trabajar . . . para encontrar su identidad, para realizarse, para el estímulo mental y para no sentirse mantenidas.

1. Ayer por la tarde ¿qué le mandó hacer doña Antonia a la periodista? (Escriba sus palabras exactas.)
2. ¿Qué hizo doña Antonia cuando la periodista estaba al punto de irse?
3. Según doña Antonia, ¿qué tenía que hacer la periodista al día siguiente?
4. ¿Qué dijo la periodista a su superiora antes de salir de la oficina? (Su contestación debe empezar con las palabras "Dijo que . . .")
5. ¿Qué hizo la periodista sin tardar más?
6. ¿Cómo pasó el tiempo la periodista durante su trayecto en taxi?
7. ¿Qué dos cosas no comprendía la periodista?

33 Trapped in a lift

A las siete de la tarde cerró Miguel Hartolín las puertas principales del gran almacén. Se habían cerrado las otras puertas a las siete menos cinco, después de quedarse abiertas once horas.

Los empleados cansados tenían que salir por una puerta al lado y a las siete y cuarto estábamos Hartolín y yo Carla Pons, su ayudante, solos en el almacén.

Al dirigirnos a la oficina Hartolín se detuvo de repente.

—Escuche Carla, manténgase quieta—me dijo.

—¿Qué pasa? ¿qué hay?—le pregunté, al mirar a mi jefe.

Me dijo que le parecía que había alguien en el ascensor.

Los dos nos apresuramos allí y por las puertas oímos los gritos de al menos dos personas.

Un cuarto de hora después de la llegada del ingeniero del ascensor, a las ocho y media, conseguimos abrir las puertas y dos hombres, una mujer y un niño se salvaron.

1. ¿Qué hora era cuando abrieron las puertas del almacén?
2. ¿Qué hacían Hartolín y Carla cuando de repente se detuvo Hartolín?
3. Según Hartolín ¿qué tenía que hacer Carla?
4. ¿Qué le preguntó a Hartolín Carla? (Su contestación debe empezar con la palabra "Preguntó . . .")
5. ¿Qué hacía Carla al preguntarle eso a Hartolín?
6. ¿Cómo le contestó Hartolín a Carla? (Escriba las palabras exactas.)
7. ¿Qué pasó a las ocho y cuarto?

34 Problems in finding a flat

martes, 2 de julio

Queridos amigos:

Quiero contestar a vuestra larga e interesante carta para deciros que agradecemos vuestra invitación para estar con vosotros en octubre, pero no creo que para entonces tengamos vacaciones. ¡Qué lástima!

Me parece que ya habéis encontrado casa. Quizás no sea tan difícil como aquí encontrar un apartamento, y os lo digo porque Dolores y yo ya hemos gastado horas y horas viendo apartamentos sin encontrar nada mayor que lo que tenemos, y así estamos desde enero. Vamos a olvidarnos del asunto durante las vacaciones y a lo mejor en septiembre tendremos más suerte.

Bueno, ahora tengo que terminar. ¡Si la economía nacional y doméstica lo permite, el próximo año iremos a Inglaterra!

Con un saludo para los vuestros, os abrazo.

Juan

1. ¿Por qué quiere Juan contestar a la carta de sus amigos?
2. ¿Por qué no puede aceptar la invitación de sus amigos?
3. ¿Qué hacen Dolores y Juan desde enero?
4. ¿Qué van a hacer durante las vacaciones?
5. ¿Qué esperan para septiembre?
6. Si la economía nacional y doméstica lo permite, ¿qué harán el próximo año?

35 Moving house

Nuestros padres decidieron mudarse de casa. Nos dijeron que necesitábamos una casa más grande y que queríamos todos un jardín. Nosotros los chicos nos pusimos de acuerdo y luego empezamos una serie de excursiones en coche por toda la ciudad.

Al final de la segunda semana de estas excursiones leí un anuncio en el periódico que decía que se vendía la casa grande enfrente del jardín público en el centro de la ciudad. Salí corriendo del salón y encontré a mis padres en la cocina donde preparaban con la ayuda de mi hermana Isabel el almuerzo. Eran las dos y cinco. Veinte minutos más tarde estábamos mirando la fachada de la casa desde nuestro coche aparcado al otro lado de la calle.

—Me gusta mucho—nos dijo mi madre—. Y a vosotros los chicos ¿qué os parece?

Contestamos que nos parecía muy grande y que valía la pena inspeccionarla.

1. ¿Quiénes decidieron mudarse de casa?
2. ¿Qué les dijeron los padres a los chicos? (Escriba las palabras exactas.)
3. ¿Cuándo empezaron una serie de excursiones por la ciudad?
4. ¿Cómo descubrió el autor que la casa grande se vendía?
5. ¿Qué hacía Isabel en la cocina?
6. ¿Qué hora era cuando estaban mirando la fachada de la casa grande?
7. ¿Qué estaba aparcado al otro lado de la calle?
8. ¿Qué pensaba la madre de la casa?
9. ¿Qué les preguntó la madre a los chicos? (Su contestación debe empezar con las palabras "Preguntó qué . . .")
10. ¿Cómo contestaron los chicos? (Escriba las palabras exactas.)

María y Susana se están hablando por teléfono:

—Te llamé anoche antes de cenar, ¿sabes? Tu madre cogió el aparato y me dijo que no podías ponerte. ¿Qué te pasaba, Susana? Me quedé algo preocupada. ¿Estabas enferma?

—No, no. Estaba muy aburrida, pero enferma, no.

—Pero, ¿dónde estabas que no podías ponerte al teléfono?

—Estaba en el comedor, esperando la cena. Tuve que pasar dos horas allí, sin hablar y sin hacer nada.

—¡Sin hablar! ¡Para ti eso habrá sido dificilísimo!

—¡Es verdad! Es que mi madre volvió a casa a las siete, al terminar su trabajo en la clínica, y notó que yo no había hecho nada para preparar la cena. En realidad, no había hecho nada en todo el día, sino leer unas novelas y descansar. Cuando se enteró de eso mi madre se enfadó más aún. Traté de justificarme y hablé demasiado, como siempre. Deseando mejorar la atmósfera glacial con un poco de humor le dije "más vale bien holgar que mal trabajar". Pero mi madre contestó secamente — 'Vete al comedor y espera allí. Puesto que te gustan tanto los refranes puedes meditar en éste "En boca cerrada no entran moscas", sin hablar y sin hacer nada. ¿Entendido?'

1. ¿Qué hizo María la noche anterior antes de cenar?
2. ¿Qué le dijo la madre de Susana cuando cogió el aparato? (Escriba las palabras exactas.)
3. Cuando la madre dijo que Susana no podía ponerse al teléfono ¿qué pensó María?
4. ¿Qué hacía Susana en el comedor?
5. ¿Qué hora era cuando la madre volvió a casa?
6. Susana, ¿cómo pasó el día?
7. Cuando su madre se enfadó más aún ¿qué hizo Susana?
8. ¿Por qué dijo Susana "más vale bien holgar que mal trabajar"?
9. Cuando su madre le contestó secamente ¿qué le mandó hacer?

37 Interviewing lottery winners

Dos horas después de descubrir que eran los ganadores del premio gordo de la lotería nacional, los señores de Menéndez, de Salpe, pequeño pueblo castellano, se hallaron rodeados de periodistas. Empezó la entrevista a las cuatro en punto de la tarde y los periodistas, fumando, escribiendo y arreglando sus magnetófonos habían preparado un sinfín de preguntas.

—¿Qué van a hacer con dos millones de pesetas?—les preguntó una señorita que parecía escribir la respuesta antes de que los Menéndez hubieran comenzado a hablar.

—Pues, no lo sé. Espero ir a visitar a mi hermano en Francia—contestó la señora de Menéndez, sonriendo y agarrando la mano de su marido.

—Y Vd. señor ¿no tiene planes?—le dijo otro periodista al señor Menéndez.

—Pero ¡hombre! Hace dos horas que lo sé. No tengo ni idea . . . es una cantidad tan increíble.

Después de encender otro cigarrillo siguió hablando el señor. Con respecto a sus planes les contó que le gustaría comprar una nueva motocicleta y que les daría una parte a sus hijos.

1. ¿Qué habían hecho los señores de Menéndez?
2. ¿En qué región de España vivían?
3. ¿Qué hora era cuando descubrieron que eran los ganadores?
4. Al empezar la entrevista ¿qué hacían los periodistas?
5. ¿Qué dijo la señora de Menéndez cuando una periodista le preguntó qué iba a hacer? (Su contestación debe empezar con las palabras "Dijo que . . .")
6. ¿Cómo sabemos que la señora de Menéndez se sentía contenta pero nerviosa?
7. ¿Qué hizo el señor Menéndez antes de seguir hablando?
8. ¿Qué les contó el señor Menéndez a los periodistas sobre sus planes? (Escriba las palabras exactas.)

38 A newspaper report of a mountain rescue

Hace dos días, veinticinco niños, junto con un monitor, que se encontraban de excursión en la sierra de Guadarrama, se perdieron a causa de la espesa niebla. Al anochecer, cuando el grupo todavía no había regresado, se avisó a la Guardia Civil. Desde diversos puestos vecinos e incluso desde Madrid, salieron expediciones de rescate para buscar a los desaparecidos.

Debido a las condiciones atmosféricas, hubo de ser suspendida la búsqueda que comenzó de nuevo a la mañana siguiente con la colaboración de un helicóptero de las Fuerzas Armadas.

Es el piloto quien nos contó cómo se llevó a cabo el rescate:

—Sobre las dos de la tarde empezó a levantarse la niebla y tuve la suficiente visibilidad para aproximarme al lugar donde suponía que el grupo podía haber encontrado refugio para pasar la noche. En efecto, allí estaban los niños agitando los brazos y lanzando llamadas.

—Una hora más tarde, llegó una de las patrullas de rescate. Los chicos se encontraban en buen estado a pesar del frío. Sólo uno de los niños tenía algunas heridas como consecuencia de una caída.

1. ¿Qué sabemos del tiempo?
2. ¿Qué hicieron las expediciones de rescate después de salir?
3. Según el piloto, ¿qué pasó cuando empezó a levantarse la niebla?
4. ¿Qué hicieron los niños al ver el helicóptero?
5. ¿Qué hora era cuando llegó la patrulla de rescate?
6. ¿Por qué tenía algunas heridas uno de los niños? (Su contestación debe empezar con la palabra "Porque . . .")

39 Return of a relative from Argentina

Traté de olvidar los problemas del día y llegué a casa a las seis y media. En el piso bajo me había dado la portera un telegrama pero solamente al entrar en mi apartamento decidí abrirlo.

Después de leerlo tardé dos minutos en darme cuenta de lo que tenía que hacer—bajar de prisa a la calle, tomar un taxi al aeropuerto y esperar la llegada del avión de París. Por fin volvía mi hermano de Argentina después de cuatro años.

Antes de salir de mi apartamento llamé por teléfono a mi padre:

—Martín vuelve, papá. Llega hoy mismo a las once y cuarto de la noche—le dije en voz alta.

Le expliqué que iríamos al aeropuerto juntos y que tendríamos que salir inmediatamente.

1. ¿Qué pasó a las seis y media?
2. ¿Qué ocurrió en el piso bajo?
3. Dos minutos después de leer el telegrama ¿qué hizo la autora?
4. ¿Qué hizo la autora antes de salir del apartamento?
5. Al hablar con su padre¿qué le dijo la autora? (Su contestación debe empezar con las palabras "Dijo que . . .")
6. ¿Qué le explicó a su padre la autora? (Escriba las palabras exactas.)

40 A quiet night's fishing ends dramatically

Paco y Vicente estaban pasando una noche muy agradable. No sentían ni el frío ni el viento. Estaban pescando tranquilamente sentados a la orilla de un río y cubiertos por un viejo abrigo.

A las seis de la mañana dijo Paco:

—Bueno, ya empiezo a tener hambre. ¿No te parece que es hora de volver a casa a desayunar?

—Sí. Vámonos—contestó Vicente.

Caminaban hacia su pueblo cuando de repente cuatro guardias civiles se lanzaron sobre ellos. ¡Qué susto se llevaron los dos pescadores!

Al abrir el saco que llevaba Vicente y ver que dentro sólo había peces, los guardias se enfadaron.

—¡Pescadores! ¡Son unos pescadores y no terroristas! exclamó uno de ellos, el cual, muy serio, trató de explicar a Paco y a Vicente:

—Según nuestra información van a pasar por este camino dos terroristas. Nuestra presencia aquí debe quedar en secreto. ¿Me han comprendido bien, señores?

Paco y Vicente le aseguraron que sí, y el guardia les ordenó:

—Váyanse ahora a casa y no digan nada de todo este asunto.

Al llegar a casa de Paco la esposa de éste les dijo:

—¡Qué pálidos estáis! ¿Qué os ha pasado?

1. ¿Qué sabemos del tiempo?
2. ¿Por qué pensaba Paco que era hora de volver a casa?
3. ¿Qué hicieron los guardias antes de enfadarse?
4. Según la información, ¿qué ocurriría esa noche?
5. ¿Qué preguntó el guardia a Paco y Vicente? (Su contestación debe empezar con las palabras "Les preguntó si . . .")
6. ¿Qué les ordenó hacer el guardia?
7. ¿Qué quería saber la esposa de Paco? (Su contestación debe empezar con las palabras "Quería saber qué . . .")

41 Drunk and disorientated

A las once de la noche yo, uno de los vecinos de Francisco Castellón, me dirigía a mi casa. Cuando pasaba por un sitio bastante oscuro se acercó a mí un desconocido.

—Perdone—dijo éste que, al parecer, había bebido demasiado —, ¿puede Vd. decirme dónde vive Francisco Castellón?

Yo iba a informarle de la dirección de la casa de mi vecino cuando, fijándome con atención en el desconocido me di cuenta de que éste se parecía al mismo Francisco y le dije:

—¿Pero, no eres tú Francisco, o es que estás tan borracho que ni siquiera sabes dónde vives?

Contestó Francisco que sí que sabía quién era, y que lo único que quería saber era dónde estaba su casa.

1. ¿Qué hora era cuando ocurrió esta aventura?
2. ¿Qué hacía el autor a estas horas?
3. ¿Qué le ocurrió al autor cuando pasaba por un sitio bastante oscuro?
4. ¿Qué quería saber el desconocido?
5. Antes de informarle de la dirección de Francisco ¿qué hizo el autor?
6. ¿Qué le preguntó al desconocido el autor? (Su contestación debe empezar con las palabras "Preguntó si . . .")
7. ¿Cómo contestó Francisco? (Escriba las palabras exactas.)

42 A page from Rosita Bertrán's diary

Lunes

No hay tiempo para escribir mucho esta noche. Sólo voy a contar lo que pasó hace unas horas . . . ¡Ha venido Jane, mi amiga inglesa! A las ocho Mamá y yo fuimos a la estación para esperar el tren en que viajaba Jane con otros alumnos de su colegio. Teníamos que estar allí a las nueve, pero el tren llegó con tres cuartos de hora de retraso. Para matar el tiempo hablamos con otras familias españolas que, como nosotras, estaban esperando que llegasen los ingleses, y también dimos un paseo por la plaza. Por fin llegaron. ¡Qué contentas estábamos Jane y yo de vernos otra vez! Charlamos un rato y luego tuvimos que buscar un teléfono porque Jane quería llamar inmediatamente a sus padres para decirles que había llegado a Madrid. Después de cenar en un restaurante, volvimos a casa, bastante cansadas.

Nada más. Son las doce, tengo mucho sueño y me voy a acostar.

1. ¿Por qué no podía escribir mucho Rosita?
2. ¿Qué hicieron Rosita y su madre a las ocho?
3. ¿A qué hora llegó el tren?
4. ¿Cómo mataron el tiempo Rosita y su madre mientras esperaban el tren?
5. ¿Cómo sabemos que Rosita y Jane son buenas amigas?
6. ¿Qué hicieron después de charlar un rato?
7. ¿Qué hicieron antes de volver a casa?
8. ¿Por qué se acostó Rosita a las doce?

Martes

Vuelvo a escribir mientras Jane duerme la siesta. Esta mañana me contó Jane lo que le pasó durante el viaje cuando ella y sus compañeros ingleses tuvieron que cambiar de trenes en un pueblo andaluz. Tenían hambre y el profesor que viajaba con ellos les pidió a Jane y a Margaret, una amiga suya, que comprasen plátanos—dos para cada persona. Entraron ellas en una frutería y dijo Jane:

—Quisiera cincuenta plátanos.

El frutero les miró un instante y entonces, con una sonrisa, les dio cinco.

—No no, cincuenta por favor—insistió Jane.

Pero el frutero, creyendo que Jane se equivocaba con el español, no le hizo caso. Para convencerle Jane le explicó que en la estación había veintitrés ingleses más, y que todos tenían mucha hambre. (Todo eso lo tuvo que decir Jane. ¡Margaret, por ser muy tímida, no dijo nada!). Entonces el frutero, poniéndose muy contento al saber que en realidad iba a vender tanta fruta, les dio por fin cincuenta plátanos.

1. ¿Qué hizo Rosita mientras Jane dormía la siesta?
2. ¿En qué región de España tuvieron que cambiar de trenes Jane y sus compañeros?
3. ¿Qué pidió el profesor a Jane y a Margaret? (Escriba sus palabras exactas.)
4. ¿Qué hizo el frutero al darles cinco plátanos?
5. ¿Por qué el frutero no le hizo caso?
6. ¿Qué dijo Jane para convencerle?(Escriba sus palabras exactas.)
7. ¿Qué sabemos del carácter de Margaret?
8. ¿Qué emoción sintió el frutero al saber que iba a vender tanta fruta?

44 A parachute drop goes wrong

En un avión del ejército, el capitán da órdenes a los paracaidistas:

—Dentro de cinco minutos nos lanzaremos de este avión. Cuando lleguéis a los 300 metros tirad de la cuerda roja y se abrirá el primer paracaídas. A los 200 metros, tirad de esta cuerda verde y se abrirá el segundo paracaídas. Cuando lleguéis a tierra dirigíos hacia el bosque, donde están los camiones que os llevarán al lugar de la batalla.

El capitán abre la puerta del avión y el primer soldado se lanza al espacio. Al llegar a los 300 metros tira de la cuerda roja, pero el paracaídas no se abre; al llegar a los 200 vuelve a tirar de la cuerda verde y el otro paracaídas tampoco se abre.

El soldado, decepcionado, piensa:

—¡Qué mala organización! Creo que cuando lleguemos a tierra tampoco nos estarán esperando los camiones.

1. ¿Qué harán los paracaidistas dentro de cinco minutos?
2. ¿Qué tienen que hacer a los 300 metros?
3. ¿Qué van a hacer al llegar a la tierra?
4. ¿Para qué estaban los camiones en el bosque?
5. ¿Qué pasó cuando el primer soldado volvió a tirar de la cuerda verde a los 200 metros?
6. ¿Qué cree el soldado en cuanto a los camiones? (Su contestación debe comenzar con las palabras "Cree que cuando . . .")

45 The pride of a football team substitute

Cuando mi marido Franco era niño, su madre le decía a menudo que dejara a su hermano pequeño jugar al fútbol con él y con sus amigos. Un día, al ver al pequeño que lloraba en el borde del campo—excluido indudablemente del partido por los chicos mayores—la madre insistió en su petición.

Diez minutos después, volvió ella al campo. El pequeño, sonriendo y feliz, seguía mirando desde el límite del terreno de juego.

—¿Por qué no juegas?—le preguntó su madre.

—Pero estoy jugando—contestó orgullosamente el niño—. Estoy de sustituto.

1. ¿Quién cuenta esta anécdota?
2. ¿Qué le decía a menudo la madre de Franco? (Escriba las palabras exactas.)
3. ¿Por qué lloraba un día el pequeño?
4. ¿Qué le preguntó su madre al niño? (Su contestación debe empezar con las palabras "Preguntó por qué . . .")
5. ¿Con qué sentimiento contestó el niño? (Su contestación debe empezar con la palabra "Con . . .")
6. ¿Cómo explicó el niño su posición en el límite del terreno de juego?

46 Differences of opinion over a new dress

Hace una semana entré en una tienda de ropa de señoras, donde después de media hora compré un vestido de algodón verde. Salí contenta de la tienda y me dirigí a la parada de taxis para volver a casa. Al día siguiente volví a entrar en la misma tienda, devolví el vestido y le pedí a la empleada que me devolviera el dinero.

—A mi novio no le gusta — le expliqué —. Pero a mí me encanta.

—¡Qué lástima! — contestó la empleada, diciéndome que a todas las que trabajaban en la tienda les parecía mi vestido muy de moda y elegante a la vez. Luego me preguntó la empleada si prefería el dinero en billetes o en una nota de crédito. Elegí los billetes y salí de la tienda.

Una semana más tarde me presenté de nuevo en la misma tienda y compré por segunda vez el mismo vestido.

La empleada me preguntó si había cambiado de opinión mi novio. Yo, sonriendo, no dije más que:

—No, he cambiado de novio.

1. ¿Qué hizo la autora hace una semana?
2. ¿Cuántos minutos pasó la autora en la tienda?
3. ¿Qué hizo la autora después de comprar el vestido?
4. ¿Qué le dijo la autora a la empleada después de devolver el vestido? (Su contestación debe comenzar con las palabras "Dijo que . . .")
5. ¿Qué opinión tenía la autora del vestido?
6. ¿Qué le dijo la empleada a la autora acerca del vestido? (Escriba las palabras exactas.)
7. ¿Qué pasó una semana más tarde?
8. ¿Qué le preguntó la empleada a la autora? (Escriba las palabras exactas.)
9. ¿Qué hacía la señora, al terminar la conversación?

47 Holiday news

Madrid, 14 de octubre

Querida Catherine:

Perdona mi silencio por tanto tiempo. No sé qué debes pensar de mí; la verdad es que me siento terriblemente incómoda cuando pienso que aún no he contestado a tu amable carta del 14 de marzo.

¿Qué tal las vacaciones de Pascua? Las mías fueron tan cortas, una semana solamente, que pasaron sin darme casi cuenta. Tan sólo fui a Cebreros el jueves, viernes y sábado, pues el domingo regresé muy temprano a causa de la lluvia.

Sin embargo, volví con mi madre en agosto durante una semana de bastante calor, pero organicé las cosas de modo que todos los días fuimos a la piscina bien por la mañana o por la tarde.

Espero que John y tú, hayáis disfrutado de vuestras vacaciones en el Lake District y estéis bien.

Cariñosamente,
María

1. ¿Qué pide María a su amiga Catherine al principio de la carta?
2. ¿Por qué se siente incómoda?
3. ¿Cuánto tiempo ha pasado desde la llegada de la carta de Catherine?
4. ¿Qué hizo María durante las vacaciones de Pascua?
5. ¿Qué hizo el domingo?
6. ¿Qué tiempo hacía el domingo?
7. ¿En qué estación del año volvió María con su madre a Cebreros?
8. ¿Qué hicieron María y su madre todos los días?
9. ¿Qué dos cosas espera María en el final de su carta?

48 An interview with a fashion model

Elena es, ante todo, muy inteligente y por supuesto, muy guapa.
Nació en Francia. Tiene el pelo castaño y los ojos negros.

—¿Eres modelo profesional?

—Pues, para mí ser modelo es más un pasatiempo que una
profesión.

—¿Por qué viniste a España la primera vez?

—Para visitar a unos amigos y porque me encanta viajar.

—¿Cuáles son tus hobbys?

—Me gusta bailar y leo muchos libros, sobre todo libros para
niños.

—¿Tienes una personalidad bien definida?

—Creo que sí. Me enfadaría conmigo misma si descubriera
alguna vez que me faltaba personalidad.

—Aparte de modelo, creo que también eres estudiante.

—La verdad es que era estudiante. Dejé mis estudios hace un
año. Estudiaba Medicina.

—¿Nos podrías dar tu opinión sobre el abuso de la droga?

—Creo que tiene unas consecuencias realmente catastróficas.
Durante mis estudios pude conocer los efectos de la droga y son
terribles.

1. ¿De qué nacionalidad es Elena?
2. ¿Qué contestó Elena cuando le preguntaron si era modelo
   profesional? (Su contestación debe empezar con las palabras
   "Contestó que . . .")
3. Después de preguntarle si era modelo profesional, ¿qué
   quería saber el periodista?
4. ¿Qué dijo Elena acerca de sus hobbys? (Su contestación debe
   empezar con las palabras "Dijo que . . .")
5. Según Elena, ¿qué haría si descubriera alguna vez que le
   faltaba personalidad?
6. ¿Qué hizo Elena hace un año?
7. ¿Qué preguntó el periodista acerca del abuso de la droga? (Su
   contestación debe empezar con las palabras "Preguntó
   si . . .")
8. ¿Qué contestó Elena? (Su contestación debe empezar con las
   palabras "Contestó que . . .")

49 A break in a long journey

Al viajar a Madrid desde Gibraltar nos detuvimos a las once menos diez de la mañana en un restaurante en la carretera para tomar café y tapas.

Entramos y nos sentamos en una mesa cerca de la ventana desde donde veíamos nuestro coche y el tráfico que pasaba por la carretera. Se acercó a nosotros dos minutos más tarde una camarera, y después de consultar el menú le dije yo:

—Quisiera café solo y una ración de tortilla. Y ¿hay gambas?

La camarera contestó que no lo sabía pero que iba a mirar si les quedaban. Mandó mi amigo que le llevara una cerveza y una porción de aceitunas.

Pagada la cuenta y llenado el depósito de gasolina, volvimos a ponernos en marcha a las once y media.

1. ¿Qué hicieron a las once menos diez?
2. Al sentarse cerca de la ventana ¿qué podían hacer?
3. ¿Qué les pasó dos minutos más tarde?
4. ¿Qué le preguntó el autor a la camarera? (Su contestación debe empezar con las palabras "Preguntó si . . .")
5. ¿Qué le contestó al autor la camarera? (Escriba las palabras exactas.)
6. ¿Qué le mandó hacer a la camarera el amigo del autor? (Escriba las palabras exactas.)
7. ¿Qué hicieron antes de continuar el viaje?
8. ¿Cuánto tiempo pasaron en el restaurante?

50 A vivid imagination

Un día vino Dolores, muy pálida, a hablar con su amiga Josefina. Entraron las dos en el salón. Después de cerrar la puerta, Josefina se sentó al lado de su amiga y le preguntó:

—¿Estás preocupada?

—No sé lo que vamos a hacer con Isabelita — contestó Dolores.

Al decir esto Dolores se puso más pálida aún, pero continuó:

—Tiene tanta imaginación que me da miedo.¿Lo has notado tú?

—He notado que a veces no puedo creer lo que Isabelita me dice — contestó Josefina.

—Pues, ayer salió Isabelita a comprar pan. Al volver me contó algo raro. Según ella, el escaparate del supermercado estaba roto y había muchos plátanos en la calle.

—Pero, es verdad. Me lo dijo la vecina— interrumpió Josefina.

—Claro—continuó Dolores. ¡Pero Isabelita me contó también que el Abominable Hombre de las Nieves había entrado en el supermercado durante la noche y se había comido un montón de plátanos antes de escaparse por el escaparate!

1. ¿Qué hizo Josefina antes de sentarse al lado de su amiga?
2. ¿Qué preguntó Josefina a su amiga Dolores? (Su contestación debe empezar con las palabras "Preguntó si . . .")
3. ¿Qué contestó Dolores? (Su contestación debe empezar con las palabras "Contestó que . . .")
4. ¿Qué dijo Josefina cuando su amiga le preguntó si había notado la 'imaginación' de Isabelita? (Su contestación debe empezar con las palabras "Dijo que . . .")
5. ¿Qué había hecho Isabelita al volver del supermercado?
6. ¿Cómo sabía Josefina que era verdad que el escaparate del supermercado estaba roto?
7. Según Isabelita ¿qué hizo el Abominable Hombre de las Nieves después de comerse los plátanos?

51 A woman who sees flying saucers

Le preguntamos a María Suárez, casada, de veintinueve años, cuánto tiempo hace que vive cerca de Toledo. He aquí su respuesta:

—Vivo en este lugar desde hace cinco años y durante este tiempo he visto platillos volantes en varias ocasiones. Los seres extraños que se encontraban en el interior han intentado hablar conmigo, aunque nunca he conseguido entenderles.

Añadió que la intensa luz que emitían los platillos la había convencido de que se trataba verdaderamente de "objetos voladores no identificados".

Nos contó además que:

—Estos platillos volantes son completamente redondos y tienen grandes ventanas que también son redondas.

Parece que estas visiones no las ha tenido María solamente aquí, sino también en Galicia donde vivió de niña. Sin embargo ella nos confesó:

—No he dicho nada de esto hasta ahora porque temía que nadie me creyera.

Antes de terminar la entrevista le preguntamos a María si sabe por qué ella puede ver estas cosas extrañas y otras personas no. Ella nos contestó con toda sencillez:

—No lo sé.

1. ¿Qué sabemos de María Suárez?
2. ¿Qué hizo María en varias ocasiones?
3. Según ella, ¿qué hicieron los seres extraños que se encontraban en los platillos volantes, y qué resultó?
4. ¿Qué les contó María? (Su contestación debe empezar con las palabras "Les contó que . . .")
5. ¿Qué le pasó a María en Galicia donde vivió de niña?
6. ¿Por qué no había dicho nada hasta entonces?
7. ¿Qué le preguntaron a María antes de terminar la entrevista?

52 Grandmother's visit

La señora Rosaflores Santiago de sesenta y nueve años, y viuda desde hacía ocho años, había visitado Inglaterra para quedarse unas semanas con su hija Madalena. Esta se había casado con un ingeniero inglés.

Al llegar a la casa de su hija la señora de Santiago explicó que quería telefonear a su hijo Tomás, con quién vivía en Madrid. Añadió que prefería que Madalena marcara el número porque nunca había empleado un teléfono inglés.

—Pero mamá—contestó Madalena—, no hay nada más fácil. Se hace aquí lo que se hace en España.

Unos momentos más tarde la señora de Santiago hablaba con su hijo Tomás, contándole que a ella no le gustó el vuelo y que no se sintió segura cuando aterrizó el avión. Siguió hablando diez minutos hasta que volvieron del instituto sus nietos. Al verlos entrar a las cuatro y cuarto le explicó a Tomás lo que acababa de pasar y le dijo adiós.

1. ¿Qué sabemos de la edad de la señora Rosaflores Santiago?
2. ¿Qué pasó cuando la señora tenía sesenta y un años?
3. Con respecto al teléfono inglés ¿qué le dijo a su hija la señora? (Escriba las palabras exactas.)
4. ¿Qué le contestó Madalena a su madre? (Su contestación debe empezar con las palabras "Dijo que . . .")
5. Cuando la señora hablaba con su hijo Tomás ¿qué le contó? (Escriba las palabras exactas.)
6. ¿Qué hora era cuando la señora comenzó a hablar por teléfono?
7. Antes de decirle adiós a Tomás ¿qué le explicó la señora? (Escriba las palabras exactas.)

53 Arrangements for a visit to England

Domingo, 4 de marzo

Queridos amigos:

¿Qué tal estáis? Y, ¿qué tal el tiempo en Inglaterra? ¡Ahora en Madrid hay nieve!

Bueno, pues ayer recibimos confirmación de que tenemos dos plazas para ir a Londres desde el domingo día 8 al 15 de abril. Queremos hacer algunas excursiones y también, si es posible, un viaje hasta York para veros. ¡Podéis imaginaros lo contentos que estamos de poder veros, aunque sólo sea por pocas horas! He mirado el horario de trenes y desde King's Cross podríamos tomar uno a las nueve que llega a York a las once y media. Os llamaríamos por teléfono en caso de emergencia. ¡Cuánto me gustará estar otra vez en Inglaterra!

A propósito, ¿sabéis que ahora vemos en T.V. algunos seriales ingleses? Todas las noches 'Qué verde era mi valle' y los viernes 'Yo, Claudio'. Los dos me gustan muchísimo.

Bueno, hasta pronto. Muchos saludos a vuestros padres y para vosotros un fuerte abrazo.

Pilar

1. ¿Qué quiere saber Pilar al principio de la carta?
2. ¿Qué pasó el día anterior?
3. ¿Cuánto tiempo pasarán en Londres?
4. ¿Por qué quieren hacer un viaje hasta York?
5. ¿Qué hizo Pilar para informarse de los trenes?
6. ¿Cuántas horas de viaje hay entre King's Cross y York?
7. ¿Qué harían en caso de emergencia?
8. ¿Qué piensa Pilar de 'Yo, Claudio'?

54   Undeserved blame

Una mañana mi esposa encontró la cocina de nuestra casa en el mayor desorden. Los platos, los vasos, los cuchillos y todas las demás cosas estaban tiradas por el suelo. Al ver esto comenzó mi esposa a buscar a nuestros dos hijos, María y Antonio, para castigarlos, porque creía que ellos eran los culpables de aquel desorden.

Al salir de la cocina en busca de los niños chocó conmigo y me preguntó si sabía dónde estaban María y Antonio.

—¿Para qué los quieres?—le pregunté.

—¿Para qué los quiero?—respondió indignada mi esposa—.Ven a la cocina y mira lo que han hecho estos sinvergüenzas.

—Tranquilízate—le dije—, que los pobres no tienen ninguna culpa. Lo de la cocina lo he hecho yo.

—¿Tú?— dijo asombrada mi esposa.

—Sí, yo, y lo he hecho porque tú, a pesar de mis advertencias, continúas ordenando los libros y los papeles de mi mesa de trabajo y, por tanto, he decidido hacer lo mismo y ordenarte la cocina.

1. Al ver el desorden en la cocina ¿qué hizo la esposa?
2. ¿Qué hacía la señora cuando se encontró con su marido?
3. ¿Qué le preguntó a su marido la esposa? (Escriba las palabras exactas.)
4. ¿Qué le preguntó a su esposa el autor? (Su contestación debe comenzar con las palabras "Preguntó para...")
5. Según su esposa ¿qué tenía que hacer el autor?
6. ¿Qué quiere el autor que haga su esposa?
7. ¿Cómo explicó el autor el desorden en la cocina? (Su contestación debe comenzar con las palabras "Dijo que...")

55 Town Council honours old lady

Doña Vicenta Alcaide, que vive en Castillos, cumplió ayer cien
años. Con este motivo, la corporación municipal en unión de
numerosos amigos y vecinos, acudió a la casa de la abuela
centenaria para darle una placa de plata y comunicarle la
resolución del Ayuntamiento de poner el nombre de Doña
Vicenta a una de las calles del municipio.

Doña Vicenta nació en Madrid hace un siglo y a la edad de
veinticinco años se fue con sus padres a Castillos donde se casó
con un médico de aquella localidad muerto hace diez años.

Numerosos periodistas han ido hasta Castillos para
entrevistar a Doña Vicenta que rodeada de su familia y
visiblemente emocionada ante la multitud de felicitaciones
recibidas ha dicho:

—¡Dios mío, Dios mío! si todo esto me hacen por cumplir cien
años, ¿qué me harán cuando cumpla los doscientos?

1. ¿Qué sabemos de la edad de Doña Vicenta Alcaide?
2. Después de acudir a la casa de Doña Vicenta,¿qué dos cosas
   hizo la corporación municipal?
3. ¿Cuántos años hace que Doña Vicenta vive en Castillos?
4. ¿Qué sabemos de la profesión del marido de Doña Vicenta?
5. ¿Qué pasó hace diez años?
6. ¿Qué hicieron los periodistas que habían ido a Castillos?
7. ¿Qué dijo Doña Vicenta al fin? (Su contestación debe
   empezar con las palabras "Dijo que si . . .")

56 A problem solved

Mauricio Rivera hablaba por teléfono con su amigo en Madrid. Este le había llamado para pedirle un pequeño instrumento electrónico, ya que era Mauricio el jefe de una compañía que producía tales instrumentos.

—Bueno, tengo que hablar con mis ingenieros, Paco, porque no sé yo si lo tenemos o no — explicó Mauricio.

—Amigo — le contestó Paco —, es una cosa muy importante que me hace falta ahora mismo. ¡Ojalá que lo tengas!

Mauricio fue a consultar a los ingenieros.

—Muéstremelo — dijo uno de ellos —, y le digo si lo tenemos.

—Idiota — contestó Mauricio —, ¡cómo puedo hacer eso si no lo tengo!

Al día siguiente, jueves, volvió Mauricio a hablar con Paco en Madrid. Le dijo que le mandara una descripción detallada del instrumento. Dentro de veinticuatro horas, según Mauricio, recibiría Paco lo que necesitaba.

1. ¿Qué producía la compañía de Mauricio?
2. ¿Con quiénes tenía Mauricio que hablar?
3. ¿Por qué tenía Mauricio que hablar con ellos?
4. ¿Qué espera Paco?
5. ¿Qué quiere uno de los ingenieros que haga Mauricio? (Su contestación debe empezar con las palabras "Quiere que . . .")
6. ¿En qué día habló Mauricio con Paco por primera vez?
7. ¿Qué le dijo Mauricio a Paco? (Escriba las palabras exactas.)

CARLOS: ¡Qué delgado estás! ¿Qué te pasa?

RAIMUNDO: Es el tratamiento.

CARLOS: ¿Qué tratamiento?

RAIMUNDO: ¿Te acuerdas de lo gordo que estaba? Pues bien, al fin no me encontraba a gusto con aquel exceso de peso. Me molestaba físicamente e impedía mis actividades sociales.

CARLOS: ¿Qué has hecho?

RAIMUNDO: Un domingo, leyendo el periódico, vi un anuncio. Me llamó la atención, lo leí y decidí someterme al tratamiento para adelgazar. El lunes, al día siguiente, me presenté en la clínica.

CARLOS: ¿Qué pasó?

RAIMUNDO: Al principio, pesaba setenta y cuatro kilos: ahora me he quedado en sesenta y dos, es decir que en ocho semanas, gracias al tratamiento, he perdido doce kilos.

CARLOS: ¿Y cómo te encuentras ahora?

RAIMUNDO: Me siento muchísimo mejor.

CARLOS: Ese tratamiento, ¿se lo recomendarías a otros, a mí, por ejemplo?

RAIMUNDO: Por supuesto, estoy seguro de que no te arrepentirías.

1. ¿Qué le preguntó Raimundo a su amigo Carlos? (Su contestación debe empezar con las palabras "Preguntó si . . .")
2. ¿Por qué no se encontraba a gusto Raimundo con su exceso de peso?
3. ¿Qué hacía Raimundo cuando vio el anuncio?
4. Después de leer el anuncio, ¿qué hizo Raimundo?
5. ¿Qué hizo Raimundo al día siguiente?
6. ¿Qué le pasó a Raimundo en ocho semanas, gracias al tratamiento?
7. Cuando Carlos le preguntó cómo se encontraba ¿qué contestó Raimundo? (Su contestación debe empezar con las palabras "Contestó que . . .")

58 What if...?

Al heredar una gran cantidad de dinero y joyas, decidí un día, como me había aconsejado el abogado, llevarlo todo a un banco en la capital. Le pregunté al director si mis ahorros estarían seguros y si no podría robarlos algún ladrón. El director me enseñó la caja fuerte del banco mostrándome todas las monedas, billetes y joyas que había allí.

—Pero—añadí—,¿si Vds. se arruinan quién me garantiza a mí que no perderé mis ahorros?

—Si nos arruinamos—respondió el director—tenemos el apoyo del banco nacional.

—¿Y si falla el banco nacional?—continué.

—Entonces tendríamos la ayuda del gobierno.

—Pero ¿y si hay una revolución y cae el gobierno?—insistí.

—Pero, ¡hombre!—dijo el director—. Si fuera así¿no perdería Vd. con buena gana todos sus ahorros?

1. ¿Qué había hecho el abogado?
2. ¿Qué le preguntó el autor al director del banco? (Escriba las palabras exactas.)
3. Al enseñarle al autor la caja fuerte del banco¿qué hacía el director?
4. ¿Qué añadió el autor? (Su contestación debe comenzar con las palabras "Preguntó quién . . .")
5. Si se arruinan en el banco¿qué pasa?
6. ¿Qué hará el gobierno si falla el banco nacional?
7. Según el autor¿qué ocurriría si hubiera una revolución?

59 The three wishes

Después de despertarse a las siete Emilio se quedó en la cama un rato pensando.

—Me gustaría quedarme hoy en la cama—dijo.

Una hora más tarde se levantó y fue hacia la ventana. ¡Qué sorpresa! Había nieve por todas partes, tanta nieve que no había ni coches ni autobuses por la calle.

—¿En octubre? ¡Qué raro!—exclamó—. Pero si no hay más remedio que quedarse en casa, me vuelvo a la cama.

Otro día, estaba hablando en la oficina con un compañero:

—Sin el jefe, lo pasaríamos muy bien aquí, ¿verdad?

Unos minutos después entró una secretaria:

—Acaba de llamar por teléfono la esposa del jefe. Dice que su marido se ha caído al salir de casa y que están esperando que vaya el médico.

Al oír esto Emilio se puso un poco inquieto. Pero, teniendo que hacer el trabajo de su jefe, y el suyo también, no le quedó tiempo para pensar más en el asunto. Terminó el día muy cansado.

Mientras regresaba a casa pensó con mucho disgusto en lo que tenía que hacer al día siguiente.

—Cuánto me gustaría no tener que pintar la cocina mañana—dijo.

En este momento vio que había un incendio en la calle donde vivía. Estaban allí los bomberos y una ambulancia. Emilio tuvo miedo, mucho miedo, y se puso a correr hasta llegar al sitio en que había estado su casa.

1. ¿Qué hizo Emilio a las siete?
2. ¿Qué dijo Emilio después de despertarse? (Su contestación debe empezar con las palabras "Dijo que . . .")
3. ¿Qué hora era cuando se levantó y fue hacia la ventana?
4. ¿Por qué se sorprendió Emilio al ver tanta nieve?
5. ¿Qué dijo Emilio a su compañero? (Su contestación debe empezar con las palabras "Dijo que . . .")
6. ¿Qué dijo la esposa del jefe a la secretaria?
7. ¿Por qué terminó Emilio el día muy cansado?
8. ¿Cómo llegó Emilio al sitio en que había estado su casa?

60   A trip to a football match

Mi hijo Carlitos, de once años, me dijo hace cuatro días que quería ir conmigo a un partido de fútbol. Consulté el periódico y leí que habría un partido ese mismo día.

Pues, aquí estamos en el autobús camino del estadio de fútbol que se encuentra en las afueras de nuestra ciudad.

—¿Cuánto tiempo tardaremos en llegar al estadio, papá?

—Con este tráfico, hijo, me parece que durará el viaje diez o quince minutos más de lo normal.

—¿Por qué juegan este partido hoy, es decir sábado, y no mañana?

—Bueno, me han dicho unos amigos que mañana habrá una corrida de toros muy grande y piensan las autoridades que no es buena idea tener dos espectáculos en el mismo día. Mira, allí está el estadio. Al bajar del autobús, sígueme de prisa a la taquilla.

1. ¿Qué sabemos de la edad de Carlitos?
2. ¿Qué le dijo Carlitos a su padre hace cuatro días? (Escriba las palabras exactas.)
3. ¿Qué hizo el padre?
4. ¿Qué hacían los dos en el autobús?
5. ¿Dónde estaba el estadio de fútbol?
6. ¿Qué le preguntó a su padre Carlitos? (Su contestación debe empezar con las palabras "Preguntó cuánto . . .")
7. ¿Por qué creía el padre que el viaje duraría más de lo normal?
8. ¿Cómo sabía el padre que habría una corrida de toros el domingo?
9. ¿Qué quiere el padre que haga Carlitos al bajar del autobús? (Su contestación debe empezar con las palabras "Quiere que . . .")

61 Holy week in Seville

Segovia, 15 de abril

Queridos Anne y Paul:

Gracias por vuestra carta que recibimos el martes.

Nos alegra que hayáis disfrutado vuestras vacaciones en Avila y sentimos no estar allí para veros otra vez.¿Qué tal el viaje hasta Bilbao? Imaginamos que hoy ya estaréis en casa—¡y dispuestos a "descansar" de vuestras vacaciones!

¿No sería posible Anne que vinieses otra vez unos días en agosto?

Las fotos que os mando son para que os hagáis una idea de como es el campo en el sur de España. Estuvimos allí desde el Jueves Santo hasta el Lunes de Pascua en que regresamos a Segovia por la mañana. Tuvimos suerte con el tiempo. Nos gustó muchísimo vivir una Semana Santa en Sevilla.

Bueno, os dejo ya para echar esta carta al correo esta misma mañana.

Con mucho cariño,
Pepe e Isabel

1. ¿Qué pasó el martes?
2. ¿Por qué se alegran Pepe e Isabel?
3. ¿Por qué habrían querido estar en Avila?
4. Según Pepe e Isabel, ¿qué harán Anne y Paul ahora?
5. ¿Qué sería posible quizás en agosto?
6. ¿Por qué han mandado fotos a sus amigos?
7. ¿Qué hicieron Pepe e Isabel el Lunes de Pascua por la mañana?
8. ¿Qué tiempo hacía cuando estaban en el sur de España?
9. ¿Qué piensan de su Semana Santa en Sevilla?
10. Después de escribir la carta,¿qué harán esa misma mañana?

62 A rush to see the meteorite

Después de oír en la radio a las tres de la tarde que había caído un meteorito en la esplanada de la ciudad, salimos corriendo del cuarto de estar. Salimos tan de prisa que no nos dimos cuenta de que nuestra hermana, Mariela, estaba a punto de entrar.

Los tres nos caímos en el suelo y Mariela, levantándose, nos gritó:

—¿Adónde vais, brutos?

—Ven con nosotros a ver el meteorito—le dijimos.

—¿Cuál?—nos contestó—, ¿esa piedra negra que acaba de caer en el centro?

—¿La has visto?

—¡Claro! Con mucha otra gente. Por poco me da en la cabeza.

Le preguntamos juntos cómo era.

—Igual que un pedazo de carbón quemado—nos replicó.

Los dos hermanos escuchamos muy interesados antes de irnos en bicicleta al centro a toda prisa.

1. ¿Qué pasó a las tres de la tarde?
2. ¿Qué hicieron los hermanos después de oír las noticias?
3. Al salir tan de prisa ¿qué pasó?
4. ¿Qué hacía Mariela al gritarles a sus hermanos?
5. ¿Qué quieren los hermanos que haga Mariela? (Su contestación debe empezar con las palabras "Quieren que . . .")
6. ¿Qué le preguntaron juntos los hermanos a Mariela? (Escriba las palabras exactas.)
7. ¿Qué hicieron los dos hermanos después de escuchar a Mariela?

63 A trick that failed

Me llamo Miguel González. Trabajo en el Banco de España en Santander y vivo con mi esposa en un pueblo cerca de la ciudad. Lo que voy a contarles pasó el miércoles de la semana pasada.

Eran las once y media de la noche y estábamos a punto de acostarnos. En ese momento recibí una llamada telefónica informándome de que me iban a entregar un telegrama urgente. Pero el hecho de que no me dijeran el nombre del remitente despertó mis sospechas.

Una hora más tarde, un joven llamó a la puerta de mi apartamento. Abrió mi esposa, y el joven le dijo que le acompañase hasta el automóvil de Correos, aparcado frente al portal de la casa, y le entregaría el telegrama. Ella pidió al joven que le subiera el telegrama al apartamento.

Mientras el supuesto empleado de Correos bajaba a la calle, busqué mi escopeta de caza y me escondí tras una pared en el rellano de la escalera. Poco después, el joven subió, el rostro cubierto, con un revólver en la mano.

Se acercó a mi esposa, amenazándola con el revólver. Yo disparé varios tiros y el joven se fue corriendo. No sé quien pudo haber sido.

1. ¿Qué sabemos de Miguel González?
2. A las once y media ¿qué hacían González y su esposa?
3. ¿Qué pasó en ese momento?
4. ¿Qué despertó las sospechas de Miguel?
5. ¿Qué le dijo el joven a la esposa de González? (Escriba las palabras exactas.)
6. ¿Qué le pidió al joven la esposa de González? (Escriba las palabras exactas.)
7. Mientras el supuesto empleado de Correos bajaba a la calle ¿qué dos cosas hizo González?
8. Cuando el joven subió ¿cómo estaba?
9. Cuando se acercó a la esposa de González ¿qué hizo el joven?

64 An argument between a married couple

El señor y la señora Benítez andan por la calle gritando.—¡En mi casa se hace lo que mando yo! ¿Lo sabes?—grita la señora de Benítez.

—Entonces ¿es que yo no existo? ¿Es que no cuento para nada?—contesta enfadado el señor Benítez.

—¡Tú lo has dicho! Tú no existes y puedo demostrártelo en cualquier momento.

—¡Bien, demuéstramelo!—grita el señor Benítez.

En seguida la señora de Benítez llama un taxi que se detiene junto a ellos, y le pregunta al chófer cuánto cuesta llevarla a su casa en la calle de Valencia, número catorce.

—Unas setenta pesetas—le contesta el chófer.

—¿Y si voy acompañada de mi esposo?—continúa la señora.

—Lo mismo—contesta, sorprendido, el chófer.

La señora de Benítez se vuelve hacia su esposo y le dice:

—¿Lo ves? Tú no cuentas para nada.

1. ¿Qué hacían los señores de Benítez al andar por la calle?
2. Según la señora de Benítez ¿qué pasa en su casa?
3. Cuando el señor Benítez preguntó si él no contaba para nada ¿cómo le contestó su esposa? (Su contestación debe empezar con las palabras "Dijo que . . .")
4. ¿Qué quiere el señor Benítez que haga su esposa? (Su contestación debe empezar con las palabras "Quiere que ella . . .")
5. ¿Qué le preguntó al chófer la señora de Benítez? (Escriba las palabras exactas.)
6. Antes de decirle finalmente a su esposo que no contaba para nada, ¿qué hizo la señora de Benítez?

65 Camping with friends

—Oye, Pablo, ¿sabes que anoche nos despertaste a todos? Estabas hablando y luego te pusiste a cantar. Al principio intentamos hablar contigo y calmarte, pero por fin te quitamos las mantas y eso te hizo callar.

—Bueno—dijo Pablo—. Estaba soñando que pasaba unos días en Francia y que fui a una sala de conciertos para cantar. Luego me di cuenta de que tenía mucho frío y entonces dejé de soñar.

Esa misma tarde Pablo salió a comprar la cena. Cuando volvió, sus compañeros notaron que algo le había pasado. En seguida les dijo:

—Encontré a Vicente, y me invitó a viajar a Francia con el coro universitario que va a cantar en París. Ha salido exactamente como en mis sueños. ¡Qué cosa más extraña!

—¡Hombre! ¡No te preocupes! ¡Es estupendo! Esta noche te dedicas a pensar mucho en los próximos exámenes. Luego soñarás y nos contarás cómo serán y lo que tenemos que estudiar. Nosotros no nos dormiremos para poder oír bien todo lo que dices.

En efecto, fue una noche sin dormir para los compañeros de Pablo. Y ¿qué les contó Pablo? Pues, nada. El pasó una noche tranquila y agradable, sin soñar, sin hablar.

1. Durante la noche, ¿qué hizo Pablo después de hablar?
2. ¿Qué intentaron hacer sus compañeros al principio?
3. ¿Cómo, por fin, le hicieron callar?
4. Según el sueño de Pablo¿qué pasó cuando estaba en Francia?
5. Después de tener frío, ¿qué le pasó a Pablo?
6. ¿Qué había hecho Vicente?
7. Según sus compañeros, ¿qué pasaría esa noche si Pablo se dedicaba a pensar en los próximos exámenes?
8. ¿Qué hicieron los compañeros de Pablo esa noche?

66 A suspect is questioned by the police

En la comisaría de policía el inspector Manuel Soz interrogaba a un criminal. Este se llamaba García y sospechaba el inspector que era el autor de varios robos en la ciudad.

—¿Y dónde estaba Vd. anoche entre las diez y las dos?—preguntó el inspector.

—Pues, vamos a ver—contestó García—, a las diez menos cuarto entré en el apartamento de mi amigo Sánchez en la calle Vilar y me quedé allí cinco horas jugando a las cartas.

—¡Hombre!—gritó el inspector—, ¡no me diga eso! Anoche me sentí nervioso y decidí dar una vuelta por la ciudad en mi coche. Le vi a las once y media cerca del ayuntamiento; estaba Vd. hablando con otros dos o tres hombres.

García dijo al inspector que no tenía razón, que estaba equivocado y que no quería contestar más preguntas.

A las ocho menos diez, cuatro horas después de la llegada de García a la comisaría, Soz le dijo a García que saliera de la comisaría y que tuviera cuidado porque era él el sospechoso número uno.

1. ¿Qué preguntó el inspector a García? (Su contestación debe empezar con las palabras "Preguntó dónde . . .")
2. ¿Qué hizo García a las diez menos cuarto?
3. ¿Qué hora era cuando salió de la casa de Sánchez?
4. ¿Qué hacía con Sánchez?
5. ¿Qué le pasó anoche al inspector y qué hizo?
6. ¿Qué dijo García a Soz? (Escriba las palabras exactas.)
7. ¿Qué pasó a las cuatro menos diez?
8. ¿Qué dijo el inspector que hiciera García? (Escriba las palabras exactas.)

67 The kidnapping of a schoolboy

El secuestro se produjo en el pueblo catalán de Ripoll. A las ocho y media de la mañana, un niño de diez años, Miguel Morato, esperaba cerca de la escuela la hora de entrar. En aquel momento, al darse cuenta de que había olvidado un libro en casa, decidió regresar y volver en seguida a la escuela. Entonces, Miguel nos cuenta con estas palabras:

—Vinieron dos hombres y se pusieron a hablar conmigo. Uno de ellos me preguntó si me gustaban los caramelos. Dije que sí y me dio uno. Después de comerlo, me sentí como cansado. Luego ya no recuerdo nada.

Cuando recobró el conocimiento Miguel se encontró en una casita cuya puerta estaba abierta. Inmediatamente, salió en busca de auxilio y en una carretera cercana paró un camión.

Luego continuó explicando:

—Le conté al conductor lo que había ocurrido y decidió llevarme al cuartel de la Guardia Civil más cercano.

1. ¿En qué región de España se produjo el secuestro?
2. ¿Qué hora era cuando Miguel estaba esperando la entrada a la escuela?
3. ¿Qué le pasó a Miguel que le hiciese regresar a casa?
4. Cuando vinieron los dos hombres ¿qué hicieron?
5. ¿Qué preguntó uno de ellos? (Escriba sus palabras exactas.)
6. ¿Qué le pasó a Miguel después de comer el caramelo?
7. ¿Qué hizo Miguel después de parar el camión?
8. ¿Qué decidió hacer el conductor del camión?

68 Travel plans for a holiday

Ya son las siete de la mañana y los señores de García están
desayunando.

—Bueno, el viernes salimos por fin. Esta mañana me han
confirmado la reservación del hotel Playa, cerca de Vigo—dijo el
señor García.

—¿Y cómo vamos a ir?—preguntó su esposa.

—En coche, claro; espero que mañana nos manden el
itinerario.

—Son más de ochocientos kilómetros de carretera—respondió
su esposa—. Piensa en los idiotas que corren por las carreteras,
piensa en las colas de camiones que tienes que aguantar en la
montaña.

—¿Qué vamos a hacer?—preguntó el señor García—. Si allí
estamos sin el coche, no vamos a poder ir a ningún sitio y nos
aburriremos.

—Pero, ¡qué pesado recorrer ochocientos kilómetros en coche!
¿Por qué no cogemos el tren?—propuso la señora de García—. Al
llegar a Vigo alquilaremos un pequeño coche.

1. ¿Qué hora era cuando desayunaron los señores de García?
2. ¿Qué harán el viernes?
3. ¿Qué había ocurrido esa mañana?
4. ¿Qué espera el señor García?
5. ¿Qué quiere la señora García que haga su marido? (Su
   contestación debe comenzar con las palabras "Quiere
   que . . .")
6. Después de preguntar qué van a hacer ¿qué dijo el señor
   García? (Su contestación debe comenzar con las palabras
   "Dijo que . . .")
7. Según la señora de García ¿qué harán al llegar a Vigo?

69   First day at school

Era el primer día de clase en la escuela y Manolito, mi hijo pequeño, iba a ir allí por primera vez. Estaba yo muy preocupada porque el niño no quería ir y lloraba mucho. Sin hacer caso de sus lloros le lavé, le peiné y le obligué a tomar el desayuno. Luego, a pesar de las protestas del niño le llevé hasta la puerta de la escuela y antes de despedirme de él a las ocho y veinte le dije para animarle:

—Bueno, en la escuela todo pasará bien, verás como podrás jugar con muchos niños.

A la salida de la escuela seis horas más tarde esperaba yo a mi hijo con preocupación, pero al verle venir contento y con una sonrisa me tranquilicé.

—¿Ves cómo estás contento?—le dije—. No tenías motivos para llorar esta mañana.

—Mamá, por favor— contestó el niño —, no confundas la ida con la vuelta.

1. Sin hacer caso de los lloros del niño ¿qué hizo la madre?
2. ¿Qué hizo la madre a las ocho y media inmediatamente después de decirle algo al hijo para animarle?
3. ¿Qué le dijo la madre? (Su contestación debe comenzar con las palabras "Dijo que . . .")
4. ¿A qué hora terminaron las clases?
5. ¿Por qué se tranquilizó la madre?
6. ¿Qué quiere el niño que haga su madre? (Su contestación debe comenzar con las palabras "Quiere que . . .")

70 A family tries to finalise holiday plans

Después de extender varios mapas sobre la mesa el padre dijo a su familia que si querían ir de vacaciones ese verano tendrían que ponerse de acuerdo.

—No me olvidaré nunca de las vacaciones que pasamos en Galicia y me gustaría volver allí—dijo la madre.

Interrumpió Vicente, el hijo:

—No me gusta el clima. ¿Sabes lo que me contaron los Vázquez el año pasado después de sus vacaciones en Galicia? Dijeron, "llueve todos los días, hay mucha niebla y por las noches hace frío".

—Pero el año pasado hizo frío en todas partes. Por favor, deja de hablar del clima y dime lo que quieres hacer tú—dijo su madre con impaciencia.

—Bueno, a mí me gustaría ir a Marruecos—contestó Vicente.

—Pero ¡allí hace muchísimo calor!

—Mamá . . . ¿no te acuerdas de lo que acabas de decirme?—preguntó Vicente sonriendo.

Interrumpió el padre:

—La semana pasada mi secretaria escribió a la Oficina de Turismo en Cádiz y les pidió información sobre la región. Mirad . . .

1. ¿Qué hizo el padre antes de hablar a su familia?
2. ¿Qué dijo el padre a su familia? (Escriba las palabras exactas.)
3. ¿Qué dijo la madre? (Su contestación debe empezar con las palabras "Dijo que . . .")
4. ¿Qué preguntó Vicente a su madre cuando la interrumpió? (Su contestación debe empezar con las palabras "Le preguntó si . . .")
5. ¿Qué le pidió la madre a Vicente hablándole con impaciencia?
6. ¿Qué preguntó Vicente a su madre sonriendo? (Su contestación debe empezar con las palabras "Preguntó si . . .")
7. ¿Qué había hecho la secretaria del padre la semana anterior?

71 The statue that wept tears of stone

Dos chicos de unos siete años, Andrés y José, están charlando en la Plaza Mayor:

ANDRÉS: Estoy de mal humor por culpa de Ricardo. Muchas veces le cuenta cosas muy estúpidas a mi hermanito. Este, siendo tan pequeño e inocente, le cree siempre. Y Ricardo acaba de decirle que ayer vio reír a esta gran estatua de piedra blanca que hay en medio de la plaza.

JOSÉ: *(mirando la estatua y riéndose)*
El Duque de Oltán, héroe de muchas batallas, muerto en 1808 defendiendo a su patria . . . Según la historia tuvo una vida corta y muy triste. ¡Su estatua debería llorar en vez de reírse!
(al decir esto se queda pensativo)
Tengo una idea. Espérame aquí. Vuelvo en seguida.
(se va corriendo a su jardín y vuelve pronto, llevando en la mano unas pequeñas piedras)

ANDRÉS: ¿Qué tienes ahí?

JOSÉ: *(poniendo las piedras a los pies de la estatua)*
¡Lágrimas! Tu hermano tiene que decirle a Ricardo, muy muy serio, que ha visto llorar a la estatua y que, precisamente, ha visto como le caían unas lágrimas. Cuando Ricardo vea las piedras, como el muchacho es inteligente, se dará cuenta de que, por una vez, tu hermano se está burlando de él.

1. ¿Qué sabemos de la edad de los chicos?
2. ¿Por qué cree el hermano de Andrés a Ricardo cuando le cuenta cosas estúpidas?
3. ¿Qué acababa Ricardo de decir al hermanito de Andrés?
4. ¿Qué hizo José al mismo tiempo que miraba la estatua?
5. ¿Qué sabemos de la profesión del Duque de Oltán?
6. ¿Qué ocurrió en el año 1808?
7. Antes de irse corriendo José, ¿qué le dijo a su amigo que hiciese?
8. Al volver, ¿qué hizo José con las piedras?

72   An indecisive old lady

Después de decidir pasar unas vacaciones en el extranjero una anciana fue a una agencia de viajes para pedir información.

El empleado le dio una completa información sobre los sitios más populares en este tipo de viaje. Pero nada parecía interesar a la buena señora. Por fin, el empleado, enseñándole un globo del mundo, le dijo a la anciana:

—Busque Vd. aquí y dígame el lugar que le interesa porque nuestra agencia puede organizarle el viaje en cualquier parte del mundo.

Comenzó la anciana a dar vueltas al globo, mirando con gran atención, y después de un largo rato le dijo algo desanimada, al empleado:

—Ninguno de los sitios que veo aquí me llama la atención.¿No tiene Vd. otros globos?

1. ¿Qué hizo la anciana antes de ir a una agencia de viajes?
2. ¿Qué hizo el empleado por fin?
3. ¿Qué quiere el empleado que haga la señora? (Su contestación debe empezar con las palabras "Quiere que . . .")
4. Al dar vueltas al globo ¿qué otra cosa hacía la señora?
5. ¿Por qué estaba desanimada la señora?
6. ¿Qué le preguntó la señora al empleado? (Su contestación debe empezar con las palabras "Preguntó si . . .")

73 An extract from a serial story

(Un célebre actor ha sido asesinado en la Plaza Mayor en presencia de Manuel, el novio de Teresa. Manuel cree que un amigo francés del actor es el asesino y, por eso, decide irse a Francia para buscar pruebas. Teresa se está despidiendo de su novio en el apartamento de éste.)

—¿Cuándo regresarás?—pregunté.

—Dentro de un mes, si puedo encontrar lo que estoy buscando.

—Escríbeme en cuanto llegues. Te contestaré en seguida.

—Sí. Te lo prometo.

En ese momento sonó el teléfono. Manuel cogió el auricular y mientras él escuchaba, yo me acerqué a la ventana y me puse a contemplar la calle. Después de colgar el auricular, Manuel me miró de una manera extraña.

—Teresa¿estás segura de que no has dicho nada al detective?

—No, porque no me ha preguntado nada.

—¿Tú me crees capaz de estar mezclado en un crimen?

—Claro que no.

—Pues el jefe de la Policía acaba de avisarme porque ha decidido reconstruir el crimen, y debo presentarme en la Plaza Mayor mañana a las ocho en punto.

1. ¿Por qué decidió Manuel irse a Francia para buscar pruebas?
2. ¿Por qué estaba Teresa en el apartamento de Manuel? (Su contestación debe empezar con la palabra "Para . . .")
3. ¿Qué quiere Teresa que haga Manuel en cuanto llegue a Francia?
4. ¿Qué hará Teresa en seguida?
5. ¿Qué hizo Teresa mientras que Manuel escuchaba?
6. ¿Qué hizo Manuel antes de mirarla de una manera extraña?
7. ¿Por qué no había dicho Teresa nada al detective?
8. ¿Qué quiere el jefe de la Policía que haga Manuel?

74   A change of owner

Yo llevaba al automóvil las cosas que había comprado en el supermercado cuando se acercaron a mí en el aparcamiento un muchacho y una muchacha que llevaban un gato.

—Señora—me dijo el muchacho—, la hemos observado desde que entró y estamos seguros de que es Vd. amiga de los gatos. Adoramos a éste, pero no podemos ocuparnos de él.¿Podría Vd. hacerse cargo?

Era un gato de pelo negro y cuando me lo dieron en el aparcamiento del supermercado no pude negarme a aceptarlo. También la franqueza de los jóvenes me hizo sonreír y cogí el felino para mirarle a los ojos. El animal no dejaba de mirarme y parecía rogarme que lo aceptara.

—Claro que sí, yo me encargaré de él—dije, estrechándole contra mi cara.

1. ¿Qué le pasó a la autora en el aparcamiento del supermercado?
2. ¿De qué estaban seguros los muchachos?
3. Aunque adoran al gato¿qué quieren los muchachos que haga la señora? (Su contestación debe empezar con las palabras "Quieren que . . .")
4. ¿Cómo reaccionó la señora cuando los muchachos le dieron el gato?
5. ¿Qué hacía el gato cuando la señora lo aceptó?
6. ¿Cómo contestó la señora a los muchachos? (Su contestación debe empezar con las palabras "Contestó que . . .")

Pepito, niño de 6 años, y su primo pequeño hablaban cerca de una puerta cerrada.

—¿Un pulpo?

—Sí.

Su primo le miró. No estaba dispuesto a creer a Pepito. ¿Sería mentira, como otras tantas veces?

Pepito siguió:

—Sí, un pulpo. Mi padre lo muestra a sus alumnos en sus clases de biología. Pero no voy a dejarte verlo si tienes miedo.

—No, no. Ya sabes que soy muy valiente.

Pepito abrió la puerta, dejando pasar a su primo. Este entró lentamente en el cuarto, los ojos llenos de inquietud. Había una cosa negra y alta sobre la mesa.

—Pues ahí dentro lo tiene mi padre. Hay que mirar por aquí y lo verás.

—Déjame ver. Sí, es verdad. ¡Qué feo! Pero, ¿por qué no se mueve?

—No hables tan fuerte. ¡Procura no despertarle!

De repente, la puerta se abrió y apareció el padre de Pepito. Muy enfadado, dijo en voz alta:

—Ya sabes, Pepito, que no hay que tocar mi microscopio. Estoy estudiando esa araña tan grande que hallé anoche en el cuarto de baño.

El primo pequeño miró fijamente a Pepito, pero no dijo nada.

1. ¿Qué sabemos de la edad de Pepito?
2. ¿Por qué no estaba dispuesto a creer a Pepito el primo pequeño?
3. Según Pepito, ¿qué hacía su padre con el pulpo?
4. ¿Qué sabemos de la profesión del padre de Pepito?
5. ¿Qué hizo Pepito después de abrir la puerta?
6. ¿Por qué, cree Vd., que el primo entró tan lentamente en el cuarto?
7. ¿Cómo describió el primo el pulpo?
8. ¿Cómo explicó Pepito la inmovilidad del pulpo?
9. ¿Qué hacía el padre con la araña?

76   A painful way of remembering

Hace unos años me llevó mi tío a Madrid a ver a los Reyes de España. Era la ocasión de la inauguración de un nuevo edificio del Gobierno, suceso de gran importancia en la vida madrileña. Para ver bien a todos los personajes nos dirigimos a un lugar elevado en el que nos instalamos a las nueve y media. Había mucha gente y a las once empezamos a oír los gritos de la muchedumbre.

De pronto pudimos ver al rey y a la reina y luego mi tío me golpeó en la cabeza.

A punto de llorar le pregunté por qué me pegaba.

—Para que nunca te olvides de lo que acabas de ver— contestó mi tío.

1. ¿Qué le pasó al autor hace unos años?
2. ¿Qué habían hecho los dos para ver bien?
3. ¿Qué hicieron a las nueve y media?
4. ¿Cuánto tiempo pasaron allí?
5. ¿Qué hizo la muchedumbre a las once?
6. ¿Qué le preguntó el autor a su tío? (Escriba las palabras exactas.)
7. ¿Qué contestación dio el tío para explicar su acción? (Su contestación debe comenzar con las palabras "Contestó que lo había hecho para que . . .")

77 Advertising doesn't pay?

Dos amigos, Carlos y Manuel, están en un bar. Manuel está leyendo un periódico. Sonríe.

CARLOS: ¿Por qué estás sonriendo? ¿Qué pasa?

MANUEL: Es por este anuncio del coñac "¿Puede hoy ser domingo? Cinco formas de conseguirlo".

CARLOS: Pues ¿qué dice?

MANUEL: "Primero: póngase su mejor camisa".

CARLOS: No puedo, la mía ha perdido todos los botones en la lavadora.

MANUEL: "Segundo: dedíquele cinco minutos más a su desayuno".

CARLOS: Es que no tomo nada a esa hora. ¿Qué más?

MANUEL: "Adopte un aspecto triunfal al entrar en la oficina (sonría a las secretarias)".

CARLOS: Claro que no conoces a las nuestras. Dicen que una es la hermana del jefe, y la otra su abuela.

MANUEL: "Luego llame a su mujer por teléfono, propóngale salir a cenar esa noche".

CARLOS: A mí me gusta ver la tele.

MANUEL: Finalmente "Y, para que sea un domingo completo, tómese una copa de 'Colón 92'. El Coñac del Domingo".

CARLOS: Bueno ¿qué vas a tomar? ¿Un coñac?

MANUEL: ¡Hombre, no! ¡Acabo de pedir una cerveza!

1. ¿Qué quería saber Carlos al principio?
2. Según el anuncio, ¿qué es la primera cosa que tiene que hacer?
3. ¿Qué contestó Carlos a la primera instrucción? (Su contestación debe comenzar con las palabras "Contestó que . . .")
4. Según el anuncio, ¿qué es la segunda cosa que tiene que hacer?
5. ¿Qué dos cosas tiene que hacer al entrar en la oficina?
6. ¿Por qué tiene que llamar a su mujer por teléfono?
7. ¿Por qué no aceptó Manuel la invitación de su amigo a tomar un coñac?

78 Union rules must be obeyed

Una tarde de verano a las seis, un automóvil se para ante una barrera que hay junto a la vía del tren. Espera diez minutos, y al fin la barrera se levanta para permitir que pasen los coches.

Sin embargo, como el automovilista no ha visto pasar ningún tren, se acerca al encargado de la barrera y le dice:

—Oiga, perdone, ¿ha pasado algún tren? porque yo no lo he visto.

El encargado de la barrera le contesta tranquilo:

—¡Ah, no! Hoy no pasan los trenes: el sindicato de empleados y trabajadores ha declarado huelga.

—Entonces, ¿por qué ha bajado Vd. la barrera impidiendo pasar los coches?

—Porque nuestro sindicato no ha ordenado ninguna huelga y es la hora de que pase el tren que va de Barcelona a Madrid.

1. ¿Qué pasó a las seis?
2. ¿A qué hora se levantó la barrera?
3. ¿Cuántos trenes pasaron durante los diez minutos?
4. ¿Por qué preguntó el automovilista si había pasado algún tren?
5. ¿Qué contestó el encargado de la barrera? (Su contestación debe comenzar con las palabras "Contestó que . . .")
6. ¿Qué efecto tuvo en los coches cuando el encargado bajó la barrera?
7. ¿Por qué había bajado la barrera el encargado?

79 A hold-up that goes wrong

Francisco González entra en una panadería y obliga al propietario a que cierre la puerta de la tienda y que le entregue la llave. Entonces, González coge el dinero que hay en la caja, 6.000 pesetas en total.

Pero cuando intenta abrir la puerta para escaparse, no encuentra la llave, y por más que busca, no puede hallarla.

Mientras tanto, llega a la tienda el padre del propietario. Este se da cuenta de que algo extraño ocurre dentro y llama a la Policía.

Al cabo de un buen rato González encuentra la llave en un bolsillo del pantalón y abre la puerta. Luego, a su gran sorpresa, se da cuenta de que hay dos policías esperándole.

1. Después de entrar en la panadería ¿qué hizo González?
2. ¿Qué hizo González entonces?
3. ¿Qué pasó cuando intentó abrir la puerta para escaparse?
4. ¿Qué pasó cuando el padre del propietario llegó a la tienda?
5. ¿Qué hizo González al encontrar la llave?
6. ¿Qué hacían los dos policías?

En la sección de mujeres de un hospital apareció un joven con una maleta en la mano, corriendo a gran velocidad por los pasillos del hospital, y tirando al suelo a todas las personas que encontraba al paso.

Una enfermera que se había escapado, por poco, de ser atropellada por el joven apresurado, se dirigió a un médico y le dijo:

—Ese hombre debe de estar loco; será necesario que le cojan antes de que haga algo peor.

—No se preocupe — respondió el médico —, no está loco, sólo un poco nervioso: es la primera vez que su esposa va a tener un niño y al llegar aquí se ha dado cuenta de que se ha olvidado a su mujer en su casa.

1. ¿Qué hacía el joven por los pasillos del hospital?
2. ¿Qué les pasaba a las personas a las cuales encontraba el joven a su paso?
3. ¿Qué le dijo la enfermera al médico? (Su contestación debe comenzar con las palabras "Dijo que . . .")
4. Según el médico ¿qué tiene que hacer la enfermera?
5. ¿Cómo explicó el médico la inquietud del joven? (Su contestación debe comenzar con las palabras "Explicó que . . .")
6. ¿Qué dijo el médico con respecto a la esposa del joven?
7. Según el médico ¿qué le pasó al joven al llegar al hospital?

81 Juanita's account of a cowboy film

Esta tarde Juanita ha ido al cine. A la salida se encuentra a una amiga y le cuenta lo que pasa en la película:

—Ese actor americano alto y guapo llega a Monterrey. Es el héroe, claro. Luego vienen los "malos" a matarle porque lleva el héroe una gran caja de dinero que tiene que depositar en el banco. Pero el héroe los ha visto. Pone el dinero en un saco. Luego dice adiós a su novia y se escapa corriendo con el saco al hombro. Unos momentos después llegan los "malos". Abren la caja y ven que el dinero no está dentro.

—Mientras tanto el héroe llega a las montañas. Está medio muerto por la sed y el cansancio. En este estado le encuentran unos indios que le ayudan y le dan un caballo. Luego el héroe vuelve a Monterrey con los indios. Los "buenos" luchan contra los "malos" y en la lucha mueren todos los "malos" y uno de los indios.

—El héroe se casa con su novia, dicen adiós a los indios y se van de Monterrey.

1. ¿Cómo describe Juanita al actor americano? (Su contestación debe empezar con las palabras "Dice que . . .")
2. ¿Por qué vinieron los "malos" a matar al héroe?
3. ¿Qué hizo el héroe cuando vio a los "malos"?
4. Y luego, ¿qué hizo el héroe?
5. ¿Qué pasó cuando los "malos" abrieron la caja?
6. Después de encontrar al héroe ¿qué hicieron los indios?
7. ¿Qué hizo el héroe?
8. ¿Qué ocurrió cuando los "buenos" lucharon contra los "malos"?
9. ¿Cómo terminó la película?

82 An approaching storm

A bordo del barco que navegaba de Vigo a Tenerife la tripulación esperaba una tormenta.

En la cocina el jefe gritaba órdenes a sus ayudantes:

—Pongan los platos en los armarios y cierren todas las puertas — dijo, mientras trataba de preparar café para todos.

—Se dice que va a haber una gran tempestad—le murmuró el más joven de los marineros al jefe. Unos momentos más tarde añadió este mismo chico que tenía miedo aunque estaba seguro de que todo iría bien.

Después de escuchar la radio y pedir los mapas, el capitán del barco se puso a mirar el horizonte. A lo lejos podía ver nubes negras y a las siete de la tarde se dio cuenta de que empezaba a llover. "O continuamos a Tenerife, o intentamos llegar a Algeciras. Pero tenemos que decidir ahora mismo" pensaba el capitán. Quince minutos después cambió de curso el barco.

—He decidido ir a Algeciras y esperar allí hasta que pase la tormenta — dijo el capitán en el altavoz del barco.

En la cocina miró su reloj el marinero joven:

—Cuatro horas al menos para llegar al puerto—dijo para sí.

1. Según el jefe ¿qué tienen que hacer sus ayudantes?
2. ¿Qué murmuró al cocinero el más joven de los marineros? (Su contestación debe empezar con las palabras "Dijo que . . .")
3. ¿Qué añadió el mismo marinero unos momentos más tarde? (Escriba las palabras exactas.)
4. ¿Qué hizo el capitán antes de ponerse a mirar el horizonte?
5. Según el capitán ¿qué pueden hacer en vez de continuar a Tenerife?
6. ¿Qué hora era cuando cambió de curso el barco?
7. ¿Qué dijo el capitán en el altavoz del barco? (Su contestación debe empezar con las palabras "Dijo que . . .")
8. ¿Qué hora será cuando llegue el barco a Algeciras?

—¿Qué estás leyendo? preguntó Anita a su amiga Carmen.
No hubo respuesta.

Después de unos momentos Anita se acercó a su amiga y miró el periódico que leía.

—¿Qué haces?

—Estoy leyendo mi horóscopo.

—¿Qué dice?

—Pues, míralo. Soy Capricornio.

Anita cogió el periódico y empezó a leer:

—*Amor:* las cosas no se te presentarán mañana como tú esperas. Pero no te preocupes, dentro de poco cambiará tu estrella. El jueves te espera una sorpresa: te encontrarás con una persona muy interesante. Tú tienes una fuerte personalidad. Muéstrala. *Dinero*: tienes que dedicarte más a tu trabajo. No juegues mañana a la lotería. Saldrías perdiendo. *Salud*: tu salud no será mala, pero tampoco buena. Cuídate los ojos: no los fatigues. La vida que tú haces no es muy sana. Tienes que cambiarla. Piénsalo bien y verás que tengo razón.

Anita miró el horóscopo con cara inquieta.

—Qué vas a hacer? preguntó a su amiga.

Carmen se rió.

—Mañana iré al óptico para comprarme unas gafas.

1. ¿Cómo contestó Carmen a la primera pregunta de su amiga?
2. ¿Qué contestó a la segunda pregunta de Anita? (Su contestación debe empezar con las palabras "Contestó que . . .")
3. Según el horóscopo, ¿qué sorpresa le esperará el jueves?
4. ¿Qué tenía que hacer Carmen con su 'fuerte personalidad'?
5. ¿Qué consejo contenía el horóscopo acerca del trabajo?
6. ¿Por qué no tenía que jugar a la lotería el día siguiente?
7. ¿Qué aconsejó a Carmen hacer con los ojos?
8. ¿Qué efecto tuvo el horóscopo en Anita?
9. ¿Qué dijo Carmen al fin? (Su contestación debe empezar con las palabras "Dijo que . . .")

—¿Qué has hecho con la llave que te di esta mañana?—le pregunté a mi mujer al volver a casa de la oficina.

Desde la cocina donde preparaba la cena con la ayuda de nuestras dos hijas, mi mujer Elenita gritó que no recordaba nada de una llave.

Estaba yo seguro de habérsela entregado a las ocho menos cuarto de la mañana. Lo sabía porque, colocados los papeles en el escritorio y cerrada la pequeña puerta con llave había salido yo del despacho y había entrado en la cocina para tomar un café. Eran las ocho menos cuarto porque una voz en la radio me lo había dicho. Mi reloj estaba atrasado diez minutos.

No cabía duda. La tenía que tener ella.

—¡Elenita!—volví a gritar—. No me digas que no tienes la llave. ¡Dámela ahora mismo! La necesito.

1. Al volver a casa ¿qué le preguntó a su mujer el autor? (Su contestación debe empezar con las palabras "Le preguntó qué . . .")
2. ¿Qué hacían las dos hijas en la cocina?
3. ¿Qué gritó Elenita desde la cocina? (Escriba las palabras exactas.)
4. Según el autor ¿que había hecho él con la llave a las ocho menos cuarto de la mañana?
5. Antes de salir del despacho ¿qué había hecho el autor?
6. Cuando la radio dijo que eran las ocho menos cuarto ¿qué hora marcaba el reloj del autor?
7. ¿Qué quería el autor que hiciera su mujer "ahora mismo"? (Su contestación debe empezar con las palabras "Quería que ella . . .")

85 A photographer's unlucky day

Viernes 13 de mayo. El día empieza mal. Después de levantarme me corto la mejilla al afeitarme. Luego me caigo al bajar la escalera.

Salgo de casa y¿qué pasa? No veo ningún taxi, olvido comprar un carrete de película y me encuentro con Charlie, el americano.

—Have a nice day — me dice.

Llego a mi primera cita con media hora de retraso. Tengo que fotografiar a Maribel, una chica rubia con el pelo largo, delante de las ruinas romanas. Pero¿dónde está Maribel? Por fin la veo escondida detrás de unas columnas.

Le digo:

—¿Por qué pierdes tanto tiempo jugando al escondite?

Luego, al mirarla un rato, me doy cuenta de que se ha cortado el pelo, ese pelo magnífico. ¡Qué horror!

—Ya sabía que te ibas a enfadar — me dice Maribel.

Estaba tan sorprendido que dejé caer la máquina de fotos que naturalmente se rompió.

Si el viernes vuelve a caer en trece, no salgo de casa, no hago nada y me quedo en la cama todo el día.

1. ¿Qué le ocurrió al fotógrafo después de levantarse?
2. ¿Qué le pasó al bajar la escalera?
3. ¿Qué le sucedió después de salir de casa?
4. ¿Por qué fue a las ruinas romanas?
5. ¿Por qué no vio a Maribel cuando llegó?
6. ¿Qué le preguntó a Maribel cuando la vio por fin? (Su contestación debe empezar con las palabras "Le preguntó por qué . . .")
7. ¿Qué pasó cuando la miró un rato?
8. ¿Qué hizo el fotógrafo cuando estaba tan sorprendido?
9. ¿Qué hará el fotógrafo si el viernes vuelve a caer en trece?

86 Rumours . . .

Hacía un cuarto de hora que varias personas charlaban con animación en la Plaza del Mercado. Eran ya las nueve, y pronto llegó más gente para unirse al grupo. Dijo un recién llegado:

—Pues, parece que unos ladrones abrieron la puerta principal del banco durante la noche, escapándose con varios millones de pesetas.

—Según lo que me contaron, hay un incendio. Vi hace poco a unos bomberos cerca del banco—dijo una señorita.

—Pues bien—dijo al fin un señor anciano—. Sé lo que tenemos que hacer. ¿Quién quiere venir al banco conmigo? De esa manera podremos ver nosotros mismos lo que ha pasado.

Al llegar cerca del banco, vieron a dos bomberos, mucha gente y un niño pequeño que tenía la cabeza cogida entre los barrotes de una reja. Uno de los bomberos decía al niño:

—Muévete a la izquierda y cálmate. Pronto te sacaremos de ahí.

—No puedo, no puedo—contestó el niño, gritando y llorando.

Sin embargo, por fin le sacaron. Entonces, mirando al niño, el anciano dijo a los otros:

—¡Qué ladrón más terrible!

1. ¿A qué hora había empezado la conversación en la Plaza del Mercado?
2. Según un recién llegado, ¿qué habían hecho los ladrones durante la noche?
3. ¿Qué hizo creer a la señorita que había un incendio?
4. ¿Por qué les invitó el señor anciano a ir al banco con él?
5. ¿Cuáles eran las dos cosas que no podía hacer el niño?
6. ¿Qué promesa hizo el bombero al niño?
7. ¿Cómo reaccionó el niño ante la promesa del bombero?
8. ¿Qué hizo el anciano al mismo tiempo que hablaba a los otros?

87 A photographer goes through Customs

Yo soy fotógrafo y el mayo pasado fui a España a sacar fotos de la ciudad de Barcelona. Llegué a España en avión y al desembarcar, la primera cosa que noté fue el calor tremendo.

—¿Por qué viene Vd. a España?—preguntó el aduanero al inspeccionarme el pasaporte.

Le expliqué que me había dado una revista inglesa la tarea de sacar fotos de los monumentos más interesantes de la ciudad catalana.

—Pero, ¿por qué trae Vd. tanto equipo? ¡Deme los bolsos y ponga aquí la maleta grande!

Empezó el aduanero a examinar todas mis tres máquinas fotográficas, los rollos de película y mis planos de la ciudad. Me parecía que él no estaba muy contento, y le pregunté si había algo más que quería él que yo le dijera o le mostrara.

Dijo que no con la cabeza y después de cerrar el bolso y la maleta se dirigió al viajero próximo.

1. ¿Qué profesión tiene el autor?
2. ¿Qué hizo el mayo pasado?
3. ¿Cuándo notó el calor tremendo el autor?
4. ¿Qué hacía el aduanero cuando le preguntó al autor por qué venía a España?
5. ¿Cómo explicó el autor el propósito de su visita? (Escriba las palabras exactas.)
6. ¿Cómo se llama la región de España en la que iba a trabajar el autor?
7. ¿Qué quería el aduanero que hiciera el autor? (Su contestación debe empezar con las palabras "Quería que . . .")
8. Al ver el autor que el aduanero no estaba contento ¿qué le preguntó? (Escriba las palabras exactas.)
9. ¿Qué hizo el aduanero antes de dirigirse al viajero próximo?

Domingo, 10 de noviembre

Queridos amigos:

Nos alegramos mucho de recibir vuestra carta dándonos noticias de la boda de vuestro hijo. ¡Enhorabuena! Quiero ante todo que nos disculpéis por no haber escrito en seguida de recibir la carta.

Yo en octubre empecé un curso de literatura mejicana en el Instituto de Madrid. Sólo voy los jueves de 7 a 9, pero nos dan muchos deberes también. Me alegra muchísimo, Jane, que estés estudiando español este año. Si de alguna manera puedo ayudarte en algo o necesitas algún material, tienes que decírmelo.

Aquí, como siempre, Luis tiene mucho trabajo. Dice que os escribirá otra vez.

Bueno, tengo que terminar porque como todos los domingos a las ocho vamos al concierto y ¡tenemos que darnos prisa!

Esperamos que Peter y tú estéis bien. Recibid un fuerte abrazo de vuestros amigos

Leonor y Luis

1. ¿Por qué se alegraron de recibir la carta de sus amigos?
2. ¿Qué quiere Leonor?
3. ¿Qué hizo Leonor en octubre?
4. ¿A qué hora empiezan las clases de Leonor y cuánto tiempo duran?
5. ¿Por qué se alegra Leonor?
6. ¿Qué tiene que hacer Jane si quiere algún material?
7. ¿Qué dice Luis?
8. ¿Por qué tiene que terminar su carta Leonor?
9. ¿Qué espera Leonor al final de su carta?

89   Seeing a friend in a busy street

Seis meses más tarde volví a encontrar a Ramón por segunda vez. Cruzaba él a toda prisa una plaza grande en Madrid saltando por entre los taxis que trabajaban muchísimo en un día lluvioso de noviembre.

—¡Eh, Ramón!—le grité.

—¡Adiós, adiós!—contestó—. ¡Voy con mucha prisa! ¡Voy a tomar el tren! ¡Venga a verme! Ya sabe la dirección, esquina de Meral, piso octavo.

—¡Pero hombre, deténgase!

—¡No puedo, voy a coger el tren!

Ramón iba cargado con unos paquetes de libros y gritaba que iba a Toledo y que yo debería ir con él.

—Pero, espere un momento, cuénteme algo—insistí.

Ramón pareció reaccionar y se paró a ocho o diez pasos para decirme:

—Perderé el tren si no voy ahora mismo.

—¡Hombre!—le dije—,después de todo,¿qué más le da a Vd. perder el tren? Hay otros.

1. ¿En qué mes encontró el autor a Ramón por primera vez?
2. Al cruzar la plaza grande ¿qué hacía Ramón?
3. ¿Qué tiempo hacía?
4. ¿Cómo respondió Ramón a los gritos del autor? (Su contestación debe empezar con las palabras "Dijo que . . .")
5. ¿Qué quería Ramón que hiciera el autor? (Su contestación debe empezar con las palabras "Quería que . . .")
6. Según el autor ¿qué tenía que hacer Ramón?
7. ¿Qué le gritaba Ramón al autor? (Escriba las palabras exactas.)
8. ¿Por qué quiere el autor que Ramón espere un momento?
9. Si Ramón no va "ahora mismo" ¿qué le pasará?

Un sábado por la tarde dijo Maribel a su marido:

—Si nos fuésemos a Sudamérica nos haríamos ricos.

—¡Tienes una imaginación . . .!

—Y eso es lo que a ti te falta, Roberto . . . ¡imaginación! Esta semana, como siempre, ¿qué has hecho? Has ido a la oficina, has tomado el aperitivo con tus amigos en la Gran Vía, has ido al fútbol y has dormido antes de la cena. ¿No tienes otras ambiciones?

—Desde niña siempre has tenido unas ideas muy raras. Ahora que tienes 28 años ¿no te parece que ya es hora de ser más sensata?

—Pues esta vez no es solamente mi imaginación la que cree que podríamos hacernos ricos. También lo dice el periódico. Escucha lo que ponen en este anuncio:

"Empresa Internacional necesita Ingeniero que hable alemán para trabajar en Perú. Salario: 2.200.000 pesetas."

—¿Ves el salario que ofrecen? Eres de orígen alemán, has pasado los primeros años de tu vida en el país . . . ¿qué más necesitas?

Roberto miró pensativo a Maribel.

—Esta vez a lo mejor tienes razón—dijo.

1. ¿Quién era Maribel?
2. ¿Qué dijo Maribel acerca de ir a Sudamérica? (Su contestación debe empezar con las palabras "Dijo que sí . . .")
3. Y según ella ¿qué hace Roberto durante sus horas libres?
4. ¿Cómo sabemos que Maribel y Roberto se conocen desde hace muchos años?
5. ¿Qué hizo Maribel para convencer a Roberto que no era solamente su imaginación la que creía que podrían hacerse ricos?
6. ¿Dónde había pasado Roberto los primeros cinco años de su vida?
7. Al fin, ¿qué dijo Roberto a su mujer? (Su contestación debe empezar con las palabras "Dijo que . . .")

91 One good turn deserves another

Al pasar por un puente un estudiante vio a un hombre que se había caído al agua y que, al parecer, iba a ahogarse porque no sabía nadar. Sin dudarlo un momento se tiró al agua para salvarle. Cuando consiguió llevarle a tierra firme se dio cuenta de que era un profesor de su instituto. Este, medio ahogado, le dijo agradecido:

—Gracias muchacho; me has salvado la vida. ¿Hay algo que pueda hacer por ti?

El estudiante, no muy contento al parecer, respondió:

—Lo mejor que puede hacer por mí es no decir a nadie que le he salvado, porque si se enteran en el instituto lo más seguro es que me rompan la cabeza.

1. ¿Qué hacía el estudiante cuando vio al hombre en el agua?
2. ¿Qué acababa de hacer el hombre?
3. ¿Qué haría el estudiante al tirarse al agua?
4. Según el profesor ¿qué había hecho el estudiante?
5. ¿Qué le preguntó el profesor al estudiante? (Su contestación debe comenzar con las palabras "Preguntó si . . .")
6. ¿Qué respondió el estudiante? (Su contestación debe comenzar con las palabras "Respondió que . . .")

92 A difficult customer

Me llamo Juanita Jiménez y el año pasado, durante las vacaciones de verano, decidí trabajar en la tienda de mi padre. Era lunes, mi primer día de trabajo, y a las diez de la mañana me dijo mi padre:

—Tengo que salir un momento. ¡Ten cuidado y no te duermas!

Cinco minutos más tarde entró una señora anciana. Después de mirarme fijamente, preguntó:

—¿Cuánto tiempo hace que trabajas aquí?

—Pues, unas horas solamente, señora.

Entonces se acercó y, entregándome una hoja de papel, me dijo:

—Quiero que me envíes estas cosas antes de las once. Soy la señora de Vázquez.

Tomando la hoja de papel, leí las palabras siguientes: leche, huevos, azúcar, harina.

—¿Cuántas botellas de leche le envío? pregunté.

—Una botella ¿es que no sabes leer? Cuando quiero más botellas escribo la cantidad.

—Y de huevos ¿una docena?

—No, dos solamente. Siempre compro dos huevos frescos todos los días. Al decir eso, me miró con tanta impaciencia que les aseguro que si las miradas matasen, ya estaría muerta. El año que viene, ¡me quedaré en casa y ayudaré a mi madre!

1. ¿Qué hizo Juanita el año pasado?
2. ¿Qué le mandó su padre a Juanita? (Su contestación debe comenzar con las palabras "Le mandó que . . .")
3. ¿Qué hora era cuando entró en la tienda la señora?
4. ¿Qué hizo la señora antes de hablar a Juanita?
5. ¿Qué le preguntó a Juanita? (Su contestación debe comenzar con las palabras "Le preguntó . . .")
6. Después de acercarse a Juanita, ¿qué hizo la señora?
7. ¿Qué quería la señora que hiciese Juanita?
8. Después de tomar la hoja, ¿qué hizo Juanita?
9. ¿Qué hará Juanita el año que viene?

Cuando expliqué el julio pasado a mis amigos que iba a viajar a París en agosto en mi coche se burlaron de mí.

—¡Conducir a París en ese cochecito! ¡Eres idiota! ¡No es un vehículo para trayectos largos! ¡Escúchanos, no lo hagas!— son algunos de los consejos que me ofrecieron.

Les contesté que iba a demostrarles que era posible y más aún, que podía hacerlo en tres días.

Al volver a casa a las once y media de la noche comencé a perder confianza en mis planes. Sin embargo, después de tres horas de trabajo, mirando los mapas y consultando las guías turísticas, me dormí bastante asegurado.

Francamente, la única cosa algo débil era el coche. Lo había comprado hacía nueve años y nunca lo había usado para viajes al extranjero. Se me ocurrió visitar el taller de mi amigo Franco. Sin duda él podría decirme si valía la pena continuar con esta estupenda idea.

Al día siguiente, miércoles, madrugué, salí a las siete y llegué al garaje del padre de Franco a las ocho.

1. ¿Qué hizo el autor el julio pasado?
2. ¿En qué estación del año iba a viajar el autor a París?
3. ¿Cómo describieron sus amigos el coche? (Su contestación debe empezar con las palabras "Dijeron que . . .")
4. ¿Qué querían sus amigos que hiciera el autor? (Su contestación debe empezar con las palabras "Querían que . . .")
5. ¿Qué les contestó el autor a sus amigos? (Escriba las palabras exactas.)
6. ¿Qué pasó a las once y media?
7. ¿Qué hora era cuando terminó de trabajar?
8. Durante estas tres horas, ¿qué hacía el autor?
9. ¿Qué hizo el autor después de terminar de trabajar?
10. ¿Qué hizo el autor al día siguiente?

En casa de los Portillo, don Antonio Mirón, viejo amigo de universidad, espera la llegada del señor Guillermo Portillo. Hace una hora que don Antonio está allí y habla con la mujer de Guillermo que se llama Silvia.

—¿Quieres quedarte a cenar con nosotros? No será nada especial—le preguntó Silvia.

—Bueno, no quiero molestarte . . . empezó don Antonio.

—No es molestia en absoluto—interrumpió Silvia, diciéndole que como ya le había dicho no había nada especial porque su marido estaba a régimen. Luego, volviéndose a su hija, le dijo:

—Ana, pon en la mesa un cuchillo, un tenedor y un vaso para don Antonio.

Cuando vio que Ana no se movía su madre le gritó en voz alta.

Después, le explicó a don Antonio que había que repetirle las cosas al menos dos veces antes de que Ana las hiciera. Finalmente quería Silvia poner las bebidas:

—Antonio—le preguntó—,¿vas a tomar vino con nosotros o prefieres cerveza?

Dijo que a él le daba igual, pero Silvia quería saber exactamente lo que prefería y rogó que dijera la verdad:¿vino o cerveza?

1. ¿Qué hacía don Antonio en casa de los Portillo?
2. ¿Qué le preguntó Silvia a don Antonio? (Su contestación debe empezar con las palabras "Preguntó si . . .")
3. Después de explicarle a don Antonio que no era molestia en absoluto¿qué le dijo Silvia? (Escriba las palabras exactas.)
4. ¿Qué hizo Silvia al terminar esta explicación?
5. ¿Qué quería Silvia que hiciera Ana? (Su contestación debe empezar con las palabras "Quería que . . .")
6. Con respecto a su hija¿qué le explicó Silvia a don Antonio? (Escriba las palabras exactas.)
7. Al poner las bebidas¿qué le preguntó Silvia a don Antonio? (Su contestación debe empezar con las palabras "Preguntó si . . .")
8. Cuando Silvia quería saber más¿qué le rogó a don Antonio? (Escriba las palabras exactas.)

95 Searching for a special present

Una vez un hombre tuvo que hacer un largo viaje y al despedirse de sus hijas les preguntó qué querían que les trajera. La mayor pidió vestidos y zapatos elegantes, la segunda joyas caras, pero la tercera le dijo:

—Querido papá, sólo quiero un pajarito que cante y que vuele.

El padre le contestó:

—Muy bien, si puedo hallarlo, te lo traeré.

Besó a sus tres hijas y salió de la casa.

Compró vestidos y joyas para las dos hijas mayores, pero en vano buscó un pajarito que cantara y volara, lo cual le enojó, pues su hija menor era su favorita.

Volvía a su casa por un pueblecito cuando en el centro de éste vio en el escaparate de una tienda una jaula grande. Dentro de la jaula vio un pajarito que cantaba y volaba.

—¡Ah!—exclamó—. Ya he encontrado lo que buscaba.

1. ¿Qué hacía el padre cuando preguntó a sus hijas lo que querían?
2. ¿Qué preguntó a sus hijas? (Escriba las palabras exactas.)
3. ¿Qué le contestó la tercera a su padre? (Su contestación debe empezar con las palabras "Dijo que . . .")
4. Si podía hallar un pajarito, ¿qué haría el padre?
5. Al descubrir el pajarito ¿qué dijo el padre? (Su contestación debe empezar con las palabras "Dijo que . . .")

96 An attempt to bribe the mayor

Las palabras de García fueron las mismas que las del domingo anterior: los edificios tenían que construirse, pues de lo contrario algunas personas se arruinarían.

Después, García le hizo al alcalde una pregunta:

—Dígame, señor alcalde,¿cuál es su lugar favorito de España?

—No lo sé—contestó el alcalde—. Supongo que me gusta más Valencia.

García se inclinó entonces sobre la mesa del alcalde, fijándole con su mirada aguda.

—Le daré doscientas mil pesetas . . . le dijo en voz baja.

Se puso colorado el alcalde.

—Se equivoca Vd. amigo. Ya tengo esa suma.

—Le doy setecientas mil. Con eso podrá Vd. vivir espléndidamente en Valencia.

—No hablemos más del asunto—replicó el alcalde—. No me es posible controlar la construcción y no lo haría aunque pudiera.

1. ¿Qué había dicho García el domingo anterior? (Escriba las palabras exactas.)
2. ¿Qué le preguntó García al alcalde? (Su contestación debe empezar con las palabras "Le pregunté . . .")
3. ¿Cómo le contestó el alcalde a García? (Su contestación debe empezar con las palabras "Dijo que no . . .")
4. Al inclinarse sobre la mesa del alcalde ¿qué hizo García?
5. ¿Por qué le decía el alcalde a García que se equivocaba?
6. ¿Cuánta era la diferencia entre las dos cantidades de dinero?
7. ¿Qué quería el alcalde que hicieran? (Su contestación debe empezar con las palabras "Quería que no . . .")
8. ¿Qué dijo el alcalde sobre la construcción?

"El célebre astrónomo, Copérnico. Nacido en 1472 y muerto en 1543".

No ponía más. Era un simple cuadro, con el retrato de Copérnico a dos tintas.

—¿Qué es un astrónomo, tía?—pregunté.

—Si te hubieras aplicado en la escuela, no tendrías que preguntar tanto. Astrónomos son los que estudian el cielo. Anda, baja a la carnicería y compra medio kilo de biftec.

Al ir a la tienda seguí pensando en esa palabra "astrónomo". Después de la cena bajé al patio y levanté la cabeza para mirar las estrellas. Media hora más tarde oí desde lo alto de la escalera la voz ronca de mi tía:

—¿Quieres subir de una vez?

Subí las escaleras corriendo y llegué casi sin aliento.

—¿Se puede saber qué hacías allí abajo tanto tiempo?

—Estaba estudiando un poco la astronomía.

—Anda — dijo mi tía —, son casi las diez, desnúdate y a la cama.

Me acosté en silencio, pero tardé en dormirme. La claridad de la luna, entrando por la ventanilla, me daba en la cara.

1. Según la historia ¿qué pasó en 1472?
2. Según la historia ¿qué pasó en 1543?
3. ¿Qué dijo la tía cuando le preguntó el chico qué era un astrónomo? (Su contestación debe comenzar con las palabras "Dijo que si...")
4. ¿Qué tuvo que hacer el chico por su tía?
5. Según la historia ¿qué hizo el chico al ir a la tienda?
6. ¿Dónde estaba el niño después de la cena y qué hacía al levantar la cabeza?
7. ¿Por qué llegó el chico "casi sin aliento"?
8. ¿Qué quería saber la tía?
9. Inmediatamente antes de acostarse en silencio ¿qué hizo el chico y qué hora era?

(*AEB 'O' Level, June 1980, slightly abridged*)

98 The arrival of a chauffeur-driven car

Sonó el timbre del portal y me precipité escalera abajo. Al otro lado de la muralla del jardín estaba el coche negro. Apareció el chófer en la puerta con cara solemne, tan seria que me inquietó.

—He tenido que aparcar encima de la acera para no bloquear la carretera —explicó el chófer.

No le oí. De repente recordé que yo y Carmen no estábamos listas del todo.

—Bueno . . . muy bien, espere . . .

Entré en la casa, pero recordé que el chófer había quedado fuera y volví a abrir la puerta.

Pase y siéntase, por favor—dije.

— No gracias.

— Es que va a tener que esperar un rato.

—No me importa, señorita—respondió quedando de pie muy cerca de la puerta.

Subí corriendo a la alcoba de Carmen, pero choqué con nuestro padre en las escaleras.

—¿Por qué no vas a hablar con el chófer, papá?

—¡Qué va, Anita!—contestó—. Le vi cuando aparcó el coche. No me gusta la cara tan seria. Prefiero esperar arriba contigo y con Carmen.

1. ¿Qué hizo la autora al oír sonar el timbre?
2. ¿Qué efecto tuvo la cara del chófer en la autora?
3. Para no bloquear la carretera ¿qué había hecho el chófer?
4. ¿Por qué no contestó la autora cuando el chófer explicó su posición de aparcamiento?
5. ¿Qué hizo la autora en este momento?
6. ¿Qué hizo la autora al entrar en la casa?
7. ¿Cuáles eran las dos cosas que el chófer no quería hacer?
8. ¿Qué pensaba el chófer de tener que esperar un rato?
9. ¿Qué pasó cuando la autora subió corriendo a la alcoba de Carmen?
10. ¿Cuáles son las razones que dio el padre para no ir a hablar con el chófer? (Su contestación debe comenzar con las palabras "Dijo que . . .")

99 Selling the family jewellery

Cuando la mujer salió de la joyería, entré y me detuve delante del mostrador.

—¿Qué quieres, muchacho?—preguntó el dueño.

Coloqué sobre el mostrador todas las joyas que tenía en mi bolsillo. El dueño se quitó las gafas y examinó lentamente los collares, broches y pulseras.

—He entrado para ver si me compra Vd. éstos—dije.

—¿De quién son?

—De mi madre. Está enferma y no tenemos dinero para las medicinas.

—¿Cuánto te ha dicho tu madre que quiere por éstos?

—Si no le interesan a Vd.—contesté—, los venderé en otro sitio. Mamá ha dicho que los venda por diez mil pesetas aunque sabe que valen mucho más.

—Pueden valer más, pero yo te daré sólo seiscientas pesetas. Si no te interesan, llévatelos—respondió el joyero.

Le di las gracias y salí en busca de otra joyería. Estaba a punto de entrar en la segunda tienda cuando se puso en mi hombro una mano. Me volví con miedo y me choqué con un chico más joven que yo.

—Mi tío te espera—dijo—, es el dueño de la joyería en la que has estado hace un rato.

1. ¿Qué hizo el muchacho después de entrar en la joyería?
2. ¿Qué hizo el muchacho con todas las joyas que tenía en su bolsillo?
3. ¿Por qué había entrado el muchacho en la joyería?
4. ¿De quién eran las joyas?
5. ¿Por qué era necesario vender las joyas?
6. Si no le interesaban al muchacho las seiscientas pesetas que le ofrecía el dueño ¿qué tenía que hacer?
7. ¿Qué dijo el chico más joven? (Su contestación debe comenzar con las palabras "Dijo que . . .")

(AEB 'O' Level, June 1980 and 1981 for passages 98 & 99 resp.)

100   A case of mistaken identity

Me llamo Alejandro y soy actor. Un día le pedí a mi agente que me librara de un contrato según el cual debía aparecer en cierto programa de televisión, porque quise aceptar otro contrato mejor en el cine. Sentado en un sillón de cuero en su despacho lujoso me escuchó atentamente el agente pero al fin me dijo:

—Podré librarte pero voy a tener que encontrar un buen sustituto. Haré todo lo posible, pero tienes que comprender que hay poco tiempo para hacerlo.

Pasados unos días, llamé al agente. Me sentí algo nervioso.

—Tienes mucha suerte—dijo—. Anoche en la televisión he visto precisamente a la persona que puede sustituirte. Hasta se parece un poco a ti.

—¿En qué programa?—le pregunté con cierta aprensión.

El agente me lo contó y describío al actor.

—Ya me lo suponía—suspiré—. Ese era yo mismo.

1. ¿Qué hace Alejandro?
2. ¿Qué hizo Alejandro un día?
3. ¿Por qué necesitaba Alejandro librarse de su contrato de televisión?
4. Después de escucharle a Alejandro atentamente ¿qué dijo el agente? (Su contestación debe comenzar con las palabras "Dijo que . . .")
5. ¿Qué hizo Alejandro pasados unos días?
6. ¿Qué le ocurrió a Alejandro al llamar al agente?
7. ¿Qué hacía el agente "anoche"?
8. ¿Por qué era la persona en la televisión un buen sustituto?
9. ¿Por qué suspiró Alejandro?

(AEB 'O' Level, June 1981)